KLEINER MÜNSTERLÄNDER HEUTE

E. F. Bauer

KYNOS VERLAG

Titelbild: Uta Schumann
Innentitel: Uta Schumann
Rücktitel: Andrea Freiin von Buddenbrock

© 2004 KYNOS VERLAG
Dr. Dieter Fleig GmbH
Am Remelsbach 30
D-54570 Mürlenbach/Eifel
Telefon: 06594/653
Telefax: 06594/452

Internet: http://www.kynos-verlag.de

Gesamtherstellung: Druckerei Anders GmbH, 54595 Niederprüm

ISBN 3-933228-81-6

Das Werk einschließlich aller seiner Teile ist urheberrechtlich geschützt. Jede Verwertung außerhalb der engen Grenzen des Urheberrechtsgesetzes ist ohne schriftliche Zustimmung des Verlages unzulässig und strafbar. Das gilt insbesondere für Vervielfältigungen, Übersetzungen, Mikroverfilmungen und die Einspeicherung und Verarbeitung in elektronischen Systemen.

INHALTSVERZEICHNIS

Kapitel 1:	EIN WENIG HISTORISCHES	10
Kapitel 2:	DAS WESEN DES KLEINEN MÜNSTERLÄNDERS	17
Kapitel 3:	DIE ANSCHAFFUNG	21
	Rüde oder Hündin? Die Welpenauswahl.	
Kapitel 4:	SINNE UND INTELLIGENZ	30
	Der Geruchssinn. Der Gesichtssinn. Der Gehörsinn. Der Tast- und Geschmackssinn. Das Denkvermögen.	
Kapitel 5:	DIE RICHTIGE ERNÄHRUNG	33
Kapitel 6:	DIE GRUNDERZIEHUNG	36
	Die Stubenreinheit. Die Leinenführigkeit. Kommen auf Pfiff. Gewöhnung an die Leine. »Bei Fuß«. »Sitz«.	
Kapitel 7:	VOM WELPEN ZUM JAGDGEBRAUCHSHUND	46
	Erwünschte Veranlagungen. Wesensfestigkeit und Schärfe. »Ablegen« oder »Down«. Schussfestigkeit und Schussruhe. Das Vorstehen. Das Apportieren. Das Apportieren über Hindernisse. Die Schleppe. Die Arbeit auf der Schweißfährte. Stöbern und Buschieren. Die Wasserarbeit. Das Totverweisen und Totverbellen.	
Kapitel 8:	DAS PRÜFUNGSWESEN	81
	Die einzelnen Prüfungen. Die Verbands-Jugendprüfung (VJP). Die Herbstzuchtprüfung (HZP). Die Verbands-Gebrauchsprüfung (VGP). Die Verbands-Schweißprüfung (VSwPO).	
Kapitel 9:	DIE KORREKTUR VERRDORBENER HUNDE	90
	Der Anschneider und der Totengräber.	
Kapitel 10:	AUSSTELLUNGEN UND ZUCHTSCHAUEN	92
	Welche Ausstellungen gibt es? Zuchtschauordnung. Standard des Kleinen Münsterländer Vorstehhundes. Zuchtordnung (Auszüge).	

Kapitel 11: DER ZÜCHTER UND DIE ZUCHT 99
Die Begriffe des Züchtens. Der nicht gewollte Deckakt. Verminderte Fruchtbarkeit. Die Scheinträchtigkeit. Ursachen der Sterilität. Paarungszeit und Deckakt. Die Pflege der trächtigen Hündin. Der Tag der Geburt ist gekommen. Unvorsehbare Zwischenfälle beim Werfen. Erkrankungen der Hündin nach dem Werfen. Die Aufzucht der Welpen. Entwöhnung der Welpen. Die Fütterung der Welpen. Die Aufzucht mutterloser Welpen

Kapitel 12: KRANKHEITEN ERKENNEN UND VORBEUGEN 117
Wie wird die Temperatur gemessen? Wie verabreicht man Arzneimittel? Die einzelnen Krankheiten: Staupe. Tollwut. Leptospirose. Wundstarrkrampf. Nierenerkrankung. Der Ohrzwang (Ohrwurm). Gebiss- und Rachenerkrankungen. Erkrankung der Atemwege. Analbeutelentzündung. Bindehautentzündung. Vergiftungen. Hitzschlag. Knochenbrüche. Bisswunden. Hauterkrankungen. Magendrehung. Augenlidfehler. Nabelbrüche. Hodenfehler. Darmverschluss und Verstopfung. Durchfall. Darm- und Hautparasiten. Hüftgelenksdysplasie (HD). Das Gebiss. Der Kleine Münsterländer in Kälte, Nässe und Hitze. Wie halte ich einen alt gewordenen Kleinen Münsterländer leistungsfähig? Lebensdauer. Wenn es zu Ende geht.

Kapitel 13: DER KLEINE MÜNSTERLÄNDER IN DER FAMILIE 135
Der Kleine Münsterländer und Kinder.

Kapitel 14: UNERWÜNSCHTES VERHALTEN 138
Der Fahrradhetzer. Der Hausgeflügeljäger. Der Streuner. Der Gras- und Kotfresser. Der Raufer.

Kapitel 15: RECHTLICHE FRAGEN 143
Hundehaltung und Mietrecht. Hundeversicherung und Haftpflicht.

Anhang: Moritz - Ein Jagderlebnis 144
Jägersprache und andere Fachbegriffe: Kleines ABC 147
Wichtige Adressen 152
Schlusswort 154
Der Autor 155
Literaturverzeichnis 155

Kapitel 1

EIN WENIG HISTORISCHES

Spion, Stöber, Westfälischer Wachtelhund, Vogelhund und Habichtshund - das alles sind Namen, mit denen der Kleine Münsterländer Vorstehhund im Laufe der Zeiten bezeichnet wurde.

Daraus wird der ursprüngliche Verwendungszweck dieses schönen Jagdhundes bereits deutlich: Er ist hervorgegangen aus den mit hoher Nase suchenden und stöbernden langhaarigen Vogelhunden, die man später auch Wachtelhunde nannte. Gerade im Norden und Westen Deutschlands und in den Niederlanden war der Wachtelhund viele Jahrhunderte lang der am meisten verbreitete Jagdhund. Seine Aufgabe war das Aufstöbern und Vorstehen vor Fasanen und Wachteln in unübersichtlichem Gelände, damit der Jäger zum Schuss kommen konnte sowie das anschließende Apportieren des erlegten Stückes zum Jäger. Der Autor H.-W. Döbel schilderte den »Spion« bereits im Jahr 1746 in seinen *»Jäger-Practica«* wie folgt: *»...dieweil man ihn sowohl im Holze, als Felde, suchen, auch wohl einen Hasen mit jagen lässt, und besonders, dass er die Fasanen, wo wilde Fasanen sein, auf und zu Baume jage und vor selbigen stehe und verbelle, dass sie also selbiges nicht allemal übersehen kann, die jungen Hühner, Fasanen oder Wachteln aufjage und vor ihm schieße. So muss er denn auch ferm apportieren, und gehet es also mit dem Spion vor der Flinte zu suchen und dergleichen Federwildpret, wie gedacht zu schießen, geschwinde fort. In gleichen lässt sich der auch der Spion im Wasser und überall gebrauchen.«*

Natürlich kann man diesen »Spion« nicht ohne weiteres mit dem heutigen Kleinen Münsterländer gleichsetzen, aber zweifellos zählt er zu dessen Vorfahren. Mitunter wird allerdings auch die These vertreten, der Kleine Münsterländer sei nichts weiter als ein Nachfahre der Épagneul Breton, die jagdlustige Offiziere Napoleons im Jahr 1812 mit nach Westfalen brachten. Auf jeden Fall darf man annehmen, dass auch diese Hunde in den schon vorhandenen Schlag eingekreuzt wurden und dass die Wahrheit weder »rein deutsch« noch »rein französisch« ist, sondern wie immer irgendwo in der Mitte liegt.

EIN WENIG HISTORISCHES

»Jagdhunde mit erlegtem Wild« - unverkennbar die Vorfahren des Kleinen Münsterländers.
Gemälde von Wilhelm Melchior, München, 1849.
Deutsches Jagd- und Fischerei-Museum München.

Wie dem auch sei, der kleinere Schlag des Vorstehhundes war besonders auf westfälischen Bauernhöfen früher sehr beliebt und verbreitet, weil er problemlos mit den Kindern und dem Vieh zusammen leben konnte und ebenso fröhlich wie wachsam war. Die Bauern ließen nur solche Hunde sich vermehren, die sich in ihre Hausordnung einfügen konnten (also zum Beispiel nicht die eigenen Hühner oder Katzen erlegten), aber gleichzeitig auch den Hof gegen Fremde verteidigen, Raubzeug wie Marder oder Ratten erlegen, zum Viehtreiben und natürlich zur Jagd eingesetzt werden konnten. Es ist dieses Erbe, dem der Kleine Münsterländer Vorstehhund von heute seine Vielseitigkeit verdankt.

KLEINER MÜNSTERLÄNDER HEUTE

Die gelegentlich früher gehörte Bezeichnung »Magister- und Pastorenhündchen« weist darauf hin, dass diese Hunde von Lehrern und Pastoren besonders gerne geführt und gezüchtet wurden. Die allgemeine Beliebtheit zeigt sich auch in zahlreichen historischen Darstellungen und Abbildungen, Gemälden und Stickereien.

Trotz all ihrer guten Eigenschaften waren die kleinen langhaarigen Stöber- und Vorstehhunde gegen Ende des 19. Jahrhunderts beinahe ausgestorben, weil die Jäger inzwischen größere und kräftigere Vorstehhunde bevorzugten. Da die »Kleinen« nicht in das neu entworfene offizielle Bild der deutschen Vorstehhunde passten, verwarf man sie als »Landschlag« ohne züchterische Bedeutung.

Als Wiederentdecker und Retter der Kleinen Münsterländer Vorstehhunde gilt der Hegemeister Edmund Löns, Bruder des bekannten Heidedichters Hermann Löns. Er nannte ihn »Heidewachtel«, um mit diesem Namen auf die jagdliche Führung in den niedersächsischen Heiderevieren seiner Heimat hinzuweisen. Später schrieb er dazu:

»Im Jahre 1902 sah ich nach einer Pause von vielen Jahren die ersten Heidewachtel arbeiten, und als mir im Jahre 1907 vergönnt war, die prachtvollen Hunde des Herrn Heidmann bei der Arbeit zu sehen, da kam es wie eine Offenbarung über mich: Das waren die Hunde, die der Suchjäger benötigte, die vollkommensten Wachtelhunde, die man sich denken konnte, vollendet in allen Gebrauchshundfächern, ohne mehr als einer verständigen Anleitung zu ihrem Berufe zu benötigen. Seit dieser Zeit betrachte ich es als meine Ehrenpflicht, den Stamm dieser Hunde, der nur noch auf wenigen Augen ruhte, für die deutsche Jägerwelt zu erhalten.«

Zu der Zeit, als Edmund Löns diese Hunde wiederentdeckte, existierten zwei deutlich voneinander verschiedene Stämme, nämlich die des Lehrers Heitmann aus Altstätten bei Burgsteinfurth und die des Jagdaufsehers Wolberg aus Dorsten. Heitmann kaufte die Stamm-Mutter seines Zwingers 1877 von August Weßling, der die Kleinen Münsterländer Vorstehhunde bereits um 1850 züchtete. Durch eine Veröffentlichung in der damaligen Deutschen Jägerzeitung lernte er den Jagdaufseher Wolberg kennen, der vom Uhrmacher Brüning aus Tunglohnd von Gescher einige Welpen erworben hat. Brüning hatte um 1860 von dem Rechtsanwalt Feldhaus aus Coesfeld, und dieser wiederum von Ludwig von Kamm Welpen erworben. Die Hunde Heitmanns waren 40 bis 50 cm groß, kräftig und untersetzt gebaut, aber dennoch edel, meist von weißer Grundfarbe, besonders lebhaft und fährtenlaut. Die Hunde Wolbergs hingegen

EIN WENIG HISTORISCHES

»Hirschjagd mit Hunden«

Friedrich Gauermann, Wien, 1807-1862. Aus dem Bildarchiv der österreichischen Nationalbibliothek Wien.

Die Vorfahren des Kleinen Münsterländers.

waren meist über 50 cm groß, jagten stumm und insgesamt ruhiger. Hier waren bei den Fellfarben auch rote und schwarze Zeichnungen vorhanden. Man begann nun damit, beide Stämme miteinander zu verkreuzen und auch gelegentlich Fremdblut zuzuführen, leider nicht immer zum Vorteil der Rasse. So wurde zum Beispiel der Rüde »Lord«, eine Spaniel-Deutsch-Langhaar-Kreuzung, geradezu massenhaft verwendet und wirkte sich leider eher negativ auf die Wesenseigenschaften aus.

Der Name »Kleiner Münsterländer Vorstehhund« (Heidewachtel) wurde am 17.03. 1912 bei der Gründung des »Vereines für Kleine Münsterländer Vorstehhunde (Heidewachtel)« in Osnabrück eingeführt. Unter der Schriftleitung von Edmund Löns wurde ein Zuchtreglement geschaffen und ein Zuchtbuch angelegt, in das während der ersten zehn Jahre bereits 1600 Hunde eingetragen wurden. In diesem Zusammenhang müssen besonders die Verdienste von Dr. med. Dr. phil. Friedrich Jungklaus erwähnt werden, der mit wissenschaftlicher Akribie und viel Weitsicht 1921 im Auftrag des Vereines die Rassemerkmale für den Kleinen Münsterländer Vorstehhund erarbeitete. Sie gaben der Zucht endlich eine einheitliche Richtung, nachdem man vorher die in Größe und Farbe unterschiedlichsten Typen gezüchtet hatte. Seine Rassebeschreibung ist in ihren Grundzügen auch heute noch gültig.

Nur ein Jahr nach Gründung des Vereins kam es 1913 wegen des bereits erwähnten Rüden »Lord« zum Zerwürfnis des Vereins mit Edmund Löns, denn dieser soll von der nicht rassereinen Abstammung Lords nichts gewusst haben. Löns trat zurück und gründete später im Jahr 1930 den »Deutschen Heidewachtel-Club, Verein zur Reinzucht und Führung der kleinen Münsterländer Vorstehhunde« mit Sitz im westfälischen Münster.

Als die Nationalsozialisten an die Macht kamen, wurden im Zuge der »Gleichschaltung« sämtliche Jagdorganisationen und auch Jagdgebrauchshundvereine aufgelöst und in den neuen »RDH« (Reichsverband für das deutsche Hundewesen) eingegliedert. Da das Reglement des RDH vorsah, dass pro Rasse nicht mehr als ein zuchtbuchführender Verein existieren durfte, wurde 1935 die Zusammenlegung beider Vereine beschlossen. Der Name »Heidewachtel« wurde nun vollständig fallen gelassen, da er zur Verwechslung mit dem »Deutschen Wachtel« führte, der als Stöberhund eine ganz andere jagdliche Verwendung hat. Auch wollte man damit verhindern, dass der Name »Heidewachtel« zu Einkreuzungen von Wachtelhunden führte.

> *Der Namensvetter: Der große Münsterländer Vorstehhund*
> *Wenn es einen kleinen Münsterländer gibt, muss es auch einen großen geben! Dieser unterscheidet sich aber nicht nur in der Körpergröße vom Kleinen Münsterländer, sondern auch in der historischen Abstammung und Farbe: Der Große Münsterländer ist immer schwarz-weiß. Eigentlich ist er eine Farbvariante des Deutsch-Langhaar, bei dem die Farbe schwarz-weiß ursprünglich unerwünscht war. Die Anhänger der Schwarz-Weißen gründeten deshalb ihren eigenen Verein und eine eigene Zucht. Auch der Große Münsterländer ist ein Jagdgebrauchshund par excellence und wird vom »Verband Große Münsterländer e.V.« (VGM) betreut.*

EIN WENIG HISTORISCHES

Foto: Uta Schumann

Nach dem Zweiten Weltkrieg gründeten sich 1946 zunächst wieder beide Vereine neu, außerdem wurde in der damaligen DDR 1952 unter Führung von Otto Capsius die »Spezialgemeinschaft für Kleine Münsterländer« gegründet.

Glücklicherweise gelang es jedoch später im Interesse der Rasse verständnisvollen Vereinsvorständen und Züchtern, eine gemeinsame Grundlage für die Zuchtarbeit zu finden: Beide Vereine schlossen sich am 31.03.1961 unter dem neuen Namen »Verband für Kleine Münsterländer Vorstehhunde 1912 e.V.« zusammen. Seitdem wuchs die Mitgliederzahl im gesamten Bundesgebiet ständig, sodass schon bald Landesgruppen geschaffen werden konnten. Bereits 1970 fand die erste Herbstzuchtprüfung für Kleine Münsterländer auf Bundesebene statt. Nach der Wiedervereinigung Deutschlands ging auch der ostdeutsche »Spezialverband« im Verband für Kleine Münsterländer Vorstehhunde e.V. mit auf. Heute zählt der Verband etwa 5500 Mitglieder, die in 16 Landesgruppen organisiert sind; jährlich werden etwa 1200 Welpen registriert.

Mittlerweile ist der Kleine Münsterländer Vorstehhund über ganz Europa verbreitet und wird auch in den USA und in Kanada als Jagdhund gezüchtet und geführt.

KLEINER MÜNSTERLÄNDER HEUTE

Die besonderen Qualitäten dieser Rasse sind in den »Rassezeichen des Kleinen Münsterländer Vorstehhundes (Heidewachtel)« von 1922 eindrücklich beschrieben und heute noch genauso aktuell:

»(...) *der geborene Lautjäger und Spürhund von unvergleichlicher Anhänglichkeit, ein Hausgenosse, kein Zwingerhund, im begrenzten Gelände und in der heißen trockenen Heide, wo andere Nasen versagen, unübertrefflich durch rasches, sicheres Finden, Ausarbeiten, festes Vorstehen und totsicheres Verlorenapportieren.*«

Der Jäger von heute schätzt an ihm besonders seine Vielseitigkeit, die ihn für alle jagdlichen Arbeiten im Feld, Wald, Wasser und auf der Schweißfährte geeignet macht sowie seine handliche mittlere Größe, Schönheit und Leichtführigkeit.

Jagdgefährte ohnegleichen! Foto: Andrea Freiin von Buddenbrock

Kapitel 2

DAS WESEN DES KLEINEN MÜNSTERLÄNDERS

Der Kleine Münsterländer ist aufgrund seiner hohen Jagdpassion, seiner besonders leichten jagdlichen Führigkeit und wegen seiner angeborenen Bringfreudigkeit sehr gut für ein vielseitiges Jagen geeignet. Er hat eine vorzügliche Nase und ist durchaus in der Lage, einer Spur, die schon länger steht, ausdauernd zu folgen. Auch seine hervorragende Geländegängigkeit ist beim Stöbern ein großer Vorteil. Kein Gebüsch ist ihm zu dicht, keine Dornenhecke zu kratzig. Der Kleine Münsterländer kommt überall durch!

Bei einem verständigen Abrichten verrichtet der Kleine Münsterländer seine Arbeit auf der Schweißfährte und auch im Wasser überragend. In Haus und Hof erweist er sich als sehr wachsam und er ist für das Familienleben bestens geeignet. Trotz aller Härte und Schärfe, die er im jagdlichen Einsatz zeigt, ist er zuhause im Umgang mit Kindern sehr sanft und liebevoll.

Am glücklichsten ist der Kleine Münsterländer natürlich bei einem Jäger, denn die Jagd ist sein ureigenstes Gebiet und seine Passion. Die meisten Züchter geben Welpen auch grundsätzlich nur an Jäger ab. Aber egal ob Jagdscheininhaber oder nicht, der zukünftige Besitzer eines Kleinen Münsterländers muss seinem Hund vor allem eins bieten können: Beschäftigung und sachkundige Erziehung! Ein Hund nur für das Sofa ist dieses Energiebündel nicht, auch wenn er das gemütliche Zusammensein zuhause mit »seiner« Familie überaus genießt. Wie alle Gebrauchshunde, die jahrhundertelang für einen bestimmten Verwendungszweck gezüchtet wurden, verlangt er nach sinnvollen Aufgaben und Betätigungsfeldern. Bietet man ihm keine, sucht er sich selber welche, und das meistens nicht im Sinne seines Halters!

Der Kleine Münsterländer benötigt eine solide Grunderziehung und Ausbildung, damit seine stark vorhandenen und erwünschten jagdlichen Anlagen in die gewünschte Richtung gelenkt werden. Ihm sie völlig abzugewöhnen, sollte aber gar nicht erst versucht werden, denn das wäre so, als wolle man einem Vogel das Fliegen verbie-

Foto: Uta Schumann

ten! Überließe man ihn aber ohne jede Ausbildung ganz sich selbst, würde man wohl schon bald böse Überraschungen erleben, wenn der Hund seiner inneren Stimme folgt und auf »Privatjagd« geht. Dann wäre es unfair, den Hund für sein Verhalten zu strafen, denn es liegt ganz allein in der Hand des Menschen, was einmal aus einem Hund wird! So mancher ursprünglich nicht-jagende Besitzer eines Kleinen Münsterländers hat übrigens dann später im Zuge der Beschäftigung mit seinem Hund doch noch seinen Jagdschein gemacht.

Die überdurchschnittliche Jagdpassion des Kleinen Münsterländers kann aber auch, wenn er jagdlich geführt wird, manchmal in Schusshitze ausarten, wenn sie nicht gesteuert wird. Er bleibt dann bei Abgabe eines Schusses nicht ruhig, wie es sein sollte, sondern beginnt vor lauter freudiger Erwartung und Passion zu toben und jaulen.

Die Vorstehanlage ist durch eine strenge Zuchtauslese gewährleistet. Nur Hunde, die ihre jagdliche Eignung in einer Prüfung erfolgreich unter Beweis stellen konnten, werden zur Zucht zugelassen. Das ist gut so, denn würde man den Kleinen Münsterländer, wie das bei so mancher anderen Rasse geschieht, allein nach seinem Aussehen beurteilen und prämieren, wären seine charakteristischen Eigenschaften in Kürze dahin.

Es sollte unbedingt darauf geachtet werden, dass der Kleine Münsterländer trotz all seiner Gutmütigkeit wohl konsequent behandelt werden muss, eine übermäßige Härte oder gar Bestrafung aber nicht verträgt. Für irgendwelche Gewaltdressuren ist er vollkommen ungeeignet.

Der Kleine Münsterländer erkennt aber auch sehr schnell die Schwächen seines Führers, die er gnadenlos ausnutzt, wenn nicht dagegen angegangen wird. Schwäche

DAS WESEN DES KLEINEN MÜNSTERLÄNDERS

Kleine Münsterländer lieben Kinder und können sich auch mit Katzen arrangieren. Fotos: Andrea Freiin von Buddenbrock

hat dabei nichts mit körperlicher Schwäche zu tun, sondern in erster Linie mit mangelnder Konsequenz. Nichts lässt die Autorität eines Hundeführers in den Augen des Hundes mehr sinken, als Unentschlossenheit und Inkonsequenz. Wenn heute etwas verboten ist, was gestern erlaubt war und umgekehrt, macht dies den Menschen für den Hund unglaubwürdig. Wenn der Kleine Münsterländer das Gefühl hat, mit einem »schwachen« Menschen zusammenzuleben, ergreift er selbst das Ruder und versucht, die Führung zu übernehmen - denn einer muss es ja schließlich tun, so sagt ihm sein Hundeverstand!

Die oft zitierte »Leichtführigkeit« der Rasse bezieht sich in erster Linie auf die jagdliche Abrichtung und darf nicht etwa generell als »leichte Erziehbarkeit« in allen Sparten verstanden werden. Einen Kleinen Münsterländer wie einen Schäferhund zum Schutzdienst abrichten zu wollen, wäre sicher weder leicht noch rat-

sam! Das Jagen hingegen muss man dem Kleinen Münsterländer nicht erst groß erklären. Er weiß, was zu tun ist, dem Abrichter bleibt nur, die vorhandenen Anlagen in die gewünschte Richtung zu lenken.

Wer einmal einen Kleinen Münsterländer Vorstehhund geführt und dazu auch noch ein wenig Glück gehabt hat, wird wehmütig an wundervolle, längst vergangene Jagderlebnisse mit ihm zusammen zurückdenken, erst recht, wenn dieser vierbeinige Freund längst in die ewigen Jagdgründe eingegangen ist.

»*Mancher Jäger findet eher eine passende Frau, als einen geeigneten ihn vollauf befriedigenden Gebrauchshund.*« Oberländer 1894

Die Intelligenz steht ihm ins Gesicht geschrieben.
Foto: Andrea Freiin von Buddenbrock

Kapitel 3

DIE ANSCHAFFUNG

Die Anschaffung eines Hundes darf nie ein Spontankauf sein. Immerhin übernehmen Sie für die nächsten zehn bis zwanzig Jahre die Verantwortung für ein Lebewesen, die Sie nicht leichtfertig wieder abgeben können.

Die ganze Familie sollte sich vor dem Kauf zusammensetzen und alle Für und Wider beraten. Wird der Hund von der ganzen Familie angenommen? Ebenso sollte nicht vergessen werden, dass man mit dem Hund ein ganzes Hundeleben, das manchmal weit über zehn Jahre dauern kann, zusammenlebt. Sind Sie bereit, für eine so lange Zeit die Verantwortung zu übernehmen?

Hat man sich dann entschlossen, einen Welpen zu kaufen (nur ein Welpe sollte es sein, warum, erfahren wir noch später) dann sollte auch über die Anschaffungskosten nachgedacht werden, denn da darf auf keinen Fall mit dem Sparen begonnen werden! Ein guter Kleiner Münsterländer von einem verantwortungsvollen Züchter kostet nun einmal sein Geld. Wie oben schon erwähnt, sollte es auf jeden Fall ein Welpe sein, denn ganz abgesehen davon, dass sich ein normal Sterblicher aufgrund des horrenden Preises keinen so genannten »fertigen Hund« (im Sinne von jagdlich fertig ausgebildet) leisten kann, werden die meisten mit einem solchen fertigen Hund, d.h. mit einem fremdabgerichteten Hund, niemals »fertig«. In vielen Fällen ist es nämlich leider so, dass den Jagdhunden der Gehorsam und vieles andere mit Gewalt von so genannten Berufsabrichtern eingebläut wird. Der Kleine Münsterländer ist aber viel zu intelligent, um nicht zu wissen, von wem all die unangenehmen Befehle und Erfahrungen ausgehen und von wem nicht! Einmal davon abgesehen, dass eine rohe und brutale Behandlung das Wesen des gutmütigen, gleichzeitig aber eher sensiblen Kleinen Münsterländers völlig zerstören und ihn zum verängstigten Nervenwrack machen kann. Wenn ein erwachsener Kleiner Münsterländer zum Verkauf angeboten wird, sollte man sich wirklich eingehend nach den Hintergründen und Umständen der Abgabe erkundigen. In den meisten Fällen stimmt dann mit dem Hund etwas nicht, also lieber Finger weg! Auch die »Adoption« eines Kleinen Münsterländers aus dem

KLEINER MÜNSTERLÄNDER HEUTE

*Mit der Auswahl zufrieden.
Foto: Herbert Fiebak*

Tierheim ist ein Unterfangen, das man, wenn überhaupt, nur mit sehr viel Hundeerfahrung und -verstand angehen sollte. Die armen Kreaturen landen meistens dort, weil sie aus Unvermögen und Unverantwortlichkeit ihrer Halter das Wildern begonnen haben oder massive Verhaltensprobleme zeigen. Die Korrektur ist dann nur etwas für den wirklichen Fachmann.

Außerdem gibt es letzten Endes doch nichts Schöneres, als einen Welpen heranwachsen zu sehen und ihn selbst auf sein künftiges Leben und die vor ihm liegenden Aufgaben vorzubereiten. Schon alleine die Ausbildung ist für den Kleinen Münsterländer und seinem Ausbilder eine herrliche Zeit, schöne und trübe Zeiten werden geteilt, Fehler werden ausgebessert

Verfallen Sie auf keinen Fall in den Fehler, einen Kleinen Münsterländer von unbekannter Herkunft zu kaufen. Der Mehrpreis für einen eingetragenen Kleinen Münsterländer Vorstehhund aus einem eingetragenen Zwinger, der vom Verband für Kleine Münsterländer Vorstehhunde e.V. anerkannt ist, lohnt sich auf jeden Fall. Welpen von Massenzüchtern (man sollte wohl besser von Vermehrern sprechen) sind häufig nicht nur schlecht durchgezüchtet und haben körperliche Mängel, sondern sie haben häufig auch sehr gravierende Defizite in ihrem Wesen und sozialen Verhalten, die sich später kaum oder gar nicht mehr aufholen lassen. In der so genannten Sozialisationsphase, die ein jeder Welpe zwischen der vierten und etwa vierzehnten bis sechzehnten Lebenswoche durchläuft,

DIE ANSCHAFFUNG

sammelt er bleibende Eindrücke von seiner Umwelt und allen Lebewesen, die ihn umgeben. Wenn er in dieser Zeit nur sehr wenig oder gar keinen direkten Kontakt mit Menschen hatte, weil der ganze Wurf nur irgendwo in einem dunklen Zwinger groß wird, wird der kleine Hund sich auch später zurückhaltend oder sogar ängstlich gegenüber Menschen verhalten. Ein ordentlicher Züchter sorgt also dafür, dass die Welpen in dieser wichtigen Zeit so viele Erfahrungen (mit anderen Tieren, mit verschiedenen Gegenständen, Anblicken und Geräuschen) machen können, wie möglich.

Vor Händlern, die in Zeitungsannoncen Welpen gleich mehrerer Rassen anbieten, ist natürlich ganz entschieden abzuraten!

Vor der Anschaffung eines Hundes sollten Sie sich außerdem darüber im Klaren sein, dass auch die Haltung eines Kleinen Münsterländers nicht kostenfrei ist. Wer da glaubt, sein neuer Hausgenosse könne sich ja als eine Art Müllschlucker für Essensreste betätigen, liegt gründlich schief. Krankheiten werden bald die Quittung sein. Der Hund sollte ein voll integriertes Familienmitglied werden, und wer ihn mit Geiz umgibt, zeigt, dass es mit seiner Liebe nicht weit her ist.

Auch die notwendigen regelmäßigen Impfungen kosten Geld, hinzu kommen die Ausgaben für Hundesteuer und die sehr empfehlenswerte Haftpflichtversicherung.

Bevor der Welpe ins Haus kommt, muss außerdem für einen ordentlichen Lager- und Schlafplatz gesorgt werden, an den der Hund

Ein prächtiger Welpe.
Foto: Herbert Fiebak

sich jederzeit zurückziehen kann. Es kann einfach eine dicke Decke sein, besser aber ein großer Hundekorb (so groß, dass auch der erwachsene Hund noch hineinpasst) aus abwaschbarem Material und mit weichem Polster ausgestattet. Echte, aus Weiden geflochtene Körbe sind zwar sehr schön, aber zum einen kaum zu säubern und zum anderen gefährlich, wenn der Welpe darin seine spitzen Zähnchen erprobt und splitternde Teile abbeißt, die sich leicht in den Gaumen bohren können. Der Schlafplatz sollte sich an einer ruhigen und zugluftfreien Stelle befinden, also nicht gerade irgendwo im Durchgang, sondern geschützt in einem Eckchen.

RÜDE ODER HÜNDIN?

Die nächste Frage lautet: Rüde oder Hündin? In den meisten Fällen bringt der Züchter seine männlichen Welpen schneller an den Mann als weibliche Tiere. Für einen Züchter mit einem guten Ruf stellt sich diese Frage nicht, denn der hat seine Welpen schon los, bevor sie geboren werden - egal ob Rüde oder Hündin.

Auch den Knochen werde ich kleinkriegen. Foto: Anton Kolb

DIE ANSCHAFFUNG

Wie gesagt, im Allgemeinen ist die Nachfrage nach Rüden größer als nach Hündinnen, dabei heben sich die Vor- und Nachteile in den meisten Fällen auf.

Das Weibchen ist bei vielen Tierarten bekanntlich der Urform näher als das Männchen. Es ist unauffälliger in der Gestalt, es ist feingliedriger, und, was nicht vergessen werden sollte, ein besserer Futterverwerter. Meistens ist es härter in der Kondition als der Rüde, argwöhnischer und besonders zur Zeit der Welpenführung mit einem ungeheuren Schutzinstinkt ausgestattet, der jedem Angreifer zum Verhängnis werden kann. Wenn eine Hündin läufig ist, ist sie nur schwer beherrschbar. Mit einem Rüden ist es allerdings auch nicht besser, wenn er eine läufige Hündin in die Nase bekommt.

Bei der Geburt ist ein weiblicher Welpe meist etwas schwerer als die Brüder und das bleibt sie bis ungefähr zum fünften Monat. Während dieser Zeit ist das Hundemädchen ihren Brüdern in allen Belangen überlegen und auffallend frühreif. Die spätere Haarfarbe und Haarbeschaffenheit sind schon sehr früh erkennbar. Der Knochenbau festigt sich gleichfalls viel früher als beim Rüden.

Es ist richtig, dass eine Hündin leichtführiger ist. Ein Rüde versucht öfter, seinen Willen durchzusetzen und er benötigt beim Abrichten zweifelsohne eine härtere Hand. Dass sich aber mit einem Rüden oder einer Hündin, wenn sie ordentlich abgerichtet wurden, gleich gut arbeiten lässt, beweisen die tägliche Praxis und die von den einzelnen Hunden abgelegten Prüfungen.

In den Hitzeperioden verspürt die sonst haustreue Hündin einen stärkeren Hang zum Streunen und zum Ungehorsam. Der Jäger sagt, »sie verliert ihre Nase«, das heißt den Geruchssinn. Es kann vorkommen, dass eine Hündin in dieser Zeit kein verlässlicher Arbeitshund mehr ist. Zu irgendwelchen Gebrauchsprüfungen wird die Hündin in der Hitze aber sowieso nicht zugelassen. Überhaupt ist der Hundeführer gut beraten, dann zu keiner Prüfung zu gehen, denn erstens bringt die Hündin keine Leistung, und zweitens sind alle anwesenden Rüden auch zu nichts mehr zu gebrauchen.

Ein Rüde ist in den ersten Monaten seines Lebens anfälliger für Krankheiten als die Hündin. Auch können, bedingt durch seine Spätreife, bei ihm sehr spät Fehler auftreten, mit denen niemand mehr gerechnet hat. Bis er richtig erwachsen ist, hat er so seine Launen, die mit seinen Entwicklungsstadien zusammenhängen. Einmal ist er ganz zahm, dann ist er wieder aggressiv. Einmal glaubt man, er ist hundertprozentig

»Die Halsbänder gefallen uns noch überhaupt nicht.« Foto: Uta Schumann

stubenrein, und plötzlich macht er doch wieder an alle Ecken. Die Entwicklung seines Gebisses ist früher abgeschlossen, als bei seinen Schwestern. Außerdem ist er der schlechtere Futterverwerter, seine Rippen werden immer leicht »durchschimmern«, und er wird nie so kugelrund werden wie seine Schwestern.

Jeder Interessent, der sich einen Kleinen Münsterländer zulegen möchte, muss nach seinen Neigungen und seinem Geschmack entscheiden und gleichzeitig wissen, was er sich zutrauen kann. Letzten Endes ist es doch so, dass sich die Vor- und Nachteile eines Rüden oder einer Hündin immer wieder ausgleichen.

DIE WELPENAUSWAHL
Wenn es die Entfernung zum Züchter erlaubt, sollte man sich den Wurf bereits in der zweiten Woche ansehen. Die Welpen sind innerhalb dieser zwei Wochen ganz schön rund geworden und einige sind dabei, in punkto kräftigem Wuchs ihre Geschwister

DIE ANSCHAFFUNG

zu übertreffen. Diese werden im Kampf um das Gesäuge der Hündin immer erster Sieger bleiben.

Der nächste Besuch beim Züchter sollte erfolgen, wenn die Welpen zirka vier Wochen alt sind. Zu diesem Zeitpunkt wird häufig bereits zugefüttert. Wie schon erwähnt, sind diejenigen Welpen, die sich mit ihren Geschwistern um das Futter raufen, besonders zu beachten. Abgesehen vom kräftigeren Wuchs, zeigt ein Welpe dieser Art schon eine gewisse »Wesensfestigkeit«. Selbst ein Neuling im Hundekauf kann erkennen, dass einige Welpen bereits zutraulich sind und ein in die Hände klatschen sie nicht erschrecken kann. Andere dagegen betrachten den fremden Eindringling misstrauisch, ja sogar ängstlich, und ziehen sich zurück. Reagieren gar alle Welpen des Wurfes auch nach einiger Gewöhnungszeit noch ängstlich auf Sie und schrecken zusammen, wenn Sie beispielsweise Ihren Schlüsselbund auf den Boden fallen lassen, sollten Sie sich besser nach einem anderen Züchter umsehen. Gesunde und gut gezogene Welpen sind möglicherweise anfangs etwas zurückhaltend, dann

Spielen muss sein. Foto: Pete A. Eising

Neugierig auf die Welt. Foto: Uta Schumann

aber neugierig und in ihrem Entdeckerdrang kaum noch zu bremsen! Wahrscheinlich zerrt schon nach kurzer Zeit die ganze Bande im Wettstreit an Ihren Schuhbändeln oder Hosenbeinen.

Ein so genannter »lockerer Hals«, also freudiges Bellen schon im Welpenalter, ist im Gegensatz zu vielen anderen Nicht-Jagdhundrassen beim Kleinen Münsterländer für den Jäger immer ein gutes Zeichen und hoch einzuschätzen. Selbstverständlich muss man in dieser Zeit auch den Gesundheitszustand des Welpen in Augenschein nehmen. Auch hier ist die beste Gelegenheit das Beobachten beim Fressen und insbesondere beim Spielen. Gesunde Welpen haben immer Appetit, sie sind die ersten an der Schüssel und sie lassen sich von keinem der Geschwister verdrängen. Auch beim Schlafen lassen sie sich nicht leicht stören. Weiches, glänzendes Fell ist immer ein gutes Zeichen, genauso wie eine mäßig feuchte, eher kühle Nase.

Alarmzeichen dafür, dass etwas mit der Gesundheit der Welpen nicht stimmt, sind stumpfes, struppiges Fell, stark aufgedunsene Bäuche (ein Zeichen für Wurmbefall), tränende Augen und allgemeine Lethargie. Kehren Sie einem solchen Züchter lieber den Rücken, auch wenn er versichert, dass es sich um nichts Ernstes handelt. Auch die Mutterhündin soll einen gesunden und munteren Eindruck machen; lassen Sie nicht die Ausrede gelten, sie sei nur von den Welpen geschwächt. Eine gewisse Ermüdung nach dem Werfen ist sicher normal, aber nicht zu verwechseln mit Apathie und Interesselosigkeit oder struppigem, glanzlosem Fell.

DIE ANSCHAFFUNG

Die gesamte Umgebung der Wurfkiste ist bei einem guten und verantwortungsvollen Züchter sauber und ordentlich, vor allem wichtig ist aber, dass die Welpen nicht irgendwo isoliert und völlig abgetrennt von jedem menschlichen Kontakt groß werden, sondern möglichst stark in die Familie integriert sind.

Wer sich die Mühe macht, auf diese Art auszuwählen, der wird seine Wahl nicht bereuen. Er hat aller Voraussicht nach einen gesunden Kleinen Münsterländer Vorstehhund erstanden. Alles andere liegt dann an einer gesunden Aufzucht und an einer guten Führung.

Ein Tipp kann hier noch gegeben werden: Der Züchter oder seine Angehörigen haben einen oder mehrere Lieblinge unter den Welpen, die sie auf irgendeine Art immer wieder bevorzugen. Der Käufer sollte darauf bestehen, einen dieser Welpen zu bekommen. Ich habe zum Beispiel mit dieser Methode beim Kauf immer ein Glückslos gezogen.

Beim Kauf händigt Ihnen der Züchter die Ahnentafel für den Welpen aus, einen Impfpass mit den bisher durchgeführten Schutzimpfungen darin, einen Entwurmungsplan und am besten auch einen Vorrat des bis jetzt verwendeten Futters, der für die nächsten Tage ausreicht. Plötzliche Futterumstellungen sind für jeden Hund eine Belastung, umso mehr für einen Welpen, der zusätzlich dem Stress der Trennung von Mutter und Geschwistern und des Umzuges in eine fremde Umgebung ausgesetzt ist.

Hier fällt die Wahl schwer.
Foto: Uta Schumann

Mischen Sie das bekannte Futter mit Tag für Tag größer werdenden Anteilen von dem neuen, so geschieht die Umstellung allmählich und ohne Belastung.

Kapitel 4

SINNE UND INTELLIGENZ

DER GERUCHSSINN

Der Kleine Münsterländer lebt in erster Linie mit seiner Nase, das heißt, er erfasst seine Umwelt fast ausschließlich mit dem Geruchssinn.

Der Hund ist, was das Riechen angeht, dem Menschen um ein Weites überlegen, umso mehr der Kleine Münsterländer als echter Jagdhund, der auf seine besondere Nasenleistung hin seit Jahrhunderten selektiert wurde. Die tatsächliche Fläche der Riechschleimhaut (des so genannten Riechepithels), welches einen Teil der Nasenhöhle auskleidet, beträgt beim Menschen nach links oder rechts rund fünf Quadratzentimeter, beim Kleinen Münsterländer dagegen fünfundsiebzig! Noch deutlicher wird der Unterschied bei den Riechzellen, die in dieser Schleimhaut verankert sind. Der Hund hat in jedem Quadratzentimeter des Riechepithels etwa hundertmal mehr Riechzellen als der Mensch.

Doch nicht nur das, auch der Anteil des Gehirns, der für das Erkennen, Differenzieren und Verarbeiten von Gerüchen zuständig ist, ist beim Hund um ein Vielfaches größer als beim Menschen. Der Hund kann Gerüche viel feiner differenzieren als der Mensch, also viel mehr verschiedene Geruchsnuancen wahrnehmen und sich an diese Gerüche gut erinnern. Auch kann er im Unterschied zu uns viel besser einordnen, aus welcher Richtung Gerüche kommen.

Ein sehr gutes Gesundheitsbarometer ist der Nasenspiegel des Kleinen Münsterländers. Wenn der Hund gesund ist, fühlt sich seine Nase kühl und feucht an. Beim geringsten Unwohlsein wird sie lauwarm und wenn er krank ist, wird sie warm. Wenn der Hund Fieber hat, wird die Nase trocken und rissig.

DER GESICHTSSINN

Durch die seitliche Stellung der Augen bei unserem Kleinen Münsterländer gewinnt er eine Vergrößerung des Gesichtswinkels um dreißig bis fünfzig Prozent gegenüber dem Menschen. Außerdem reicht das Blickfeld nach hinten, dadurch werden alle

Bewegungen besser erfasst. Im Erkennen von Gegenständen und Personen in der Ferne befindet sich der Hund im Vergleich zu uns Menschen im Nachteil.

DER GEHÖRSINN

Der Kleine Münsterländer nimmt auch noch Frequenzen von etwa 30.000 - 40.000 Hertz wahr, die außerhalb jeder menschlicher Hörgrenze liegen und für uns in den Ultraschallbereich fallen. Damit ist erklärt, warum unser Kleiner Münsterländer gut die für menschliche Ohren lautlose Hundepfeife hört. Auch kann der Hund Geräusche besser differenzieren als wir Menschen und durch seine beweglichen Ohren auch die Richtung, aus der sie kommen, genauer einordnen. Das Ticken einer Uhr, so wurde einmal festgestellt, hört der Mensch noch in drei Metern Entfernung, der Hund dagegen in bis zu fünfundzwanzig Metern Entfernung!

DER TAST- UND GESCHMACKSSINN

Der Tastsinn ist bei unserem Kleinen Münsterländer sehr ausgeprägt, und zwar an den Lefzen, der Zunge, dem Nasenspiegel und an den Pfotenballen sowie außerdem an den Spürhaaren des Kopfes und den längeren Fellhaaren, den so genannten Leithaa-

Unübertreffliche Nase: Er hat Witterung!

ren. Daraus wird auch klar, dass ein Abschneiden oder Abrasieren dieser Spür- und Leithaare aus »Schönheitsgründen« die reinste Tierquälerei ist, die den Hund eines wichtigen Sinnes beraubt!

Über den Geschmackssinn sind sich die Experten bis heute noch nicht recht einig, er dürfte aber den des Menschen nicht erreichen. Auch bezüglich des Schmerz-, Zeit- und Temperaturempfindens sind noch manche Fragen offen.

Erstaunlich sind jedenfalls immer wieder die Fernorientierung und das Heimkehrvermögen des Hundes. Über beides kann man sich als Mensch nur wundern!

DAS DENKVERMÖGEN

Über das Denkvermögen bzw. die Intelligenz des Hundes gehen die Meinungen weit auseinander. Der Hund hat zweifellos ein Gedächtnis, und er hat auch Einfälle, sprich Gedanken. Ihn unterstützt dabei ohne Frage das Zusammenleben mit dem Menschen. Je anregender und vielfältiger die Umweltreize, die auf einen Hund einwirken, desto geistig reger wird er auch. Weil besonders der Kleine Münsterländer uns Menschen in unserem Tun ständig beobachtet, kann der Eindruck entstehen, dass er »jedes Wort versteht«.

Es ist durchaus so, dass der Kleine Münsterländer selbst die feinsten Unterschiede in der Bewegung und Haltung eines Körperteiles genauestens registriert und daraus seine Schlüsse zieht. Sicher ist, dass er selbst die kleinsten Bewegungen des Menschen wahrnimmt, die vielleicht nicht einmal uns selbst zu Bewusstsein kommen. Für den Hund ist es deshalb sehr verwirrend, wenn der Mensch mit seiner Stimme zum Beispiel »Nein!« sagt, mit seiner ganzen Körperhaltung aber Zögern und Unentschlossenheit ausdrückt. Einen Hund kann man nicht anlügen - er entlarvt unsere tatsächlichen Absichten und Stimmungen sofort!

War bis vor wenigen Jahrzehnten noch die wissenschaftliche Lehrmeinung verbreitet, alle Reaktionen und Handlungen von Tieren, also auch von Hunden, beruhten ausschließlich auf Instinkten und Reflexen, so kommt man heute mit zunehmender Übereinstimmung zu der Überzeugung, dass das Denken des Hundes durchaus wesentlich vielschichtiger und auch abstrakter ist. Sicher wird uns die Forschung in den kommenden Jahren hier noch interessante Ergebnisse liefern.

Kapitel 5

DIE RICHTIGE ERNÄHRUNG

Für den Besitzer des Kleinen Münsterländers, der ihn möglichst gesund und lang am Leben erhalten möchte, ist es eine Selbstverständlichkeit, nicht beim Futter zu sparen.

Zugegeben, die auf dem Markt befindlichen Dosen- und Fertigfutter sind heute im Großen und Ganzen sehr gut und auf die Bedürfnisse des Hundes abgestimmt. Führende Hersteller haben eine breite Produktpalette, in denen sich verschiedene Futter für junge oder alte Hunde, wenig oder stark aktive Hunde, große und kleine Rassen etc. finden. Diese Futter enthalten eine komplette Mischung aller benötigten Vitamine und Mineralien, weshalb es nicht nur unnötig, sondern sogar gefährlich ist, zusätzlich noch Vitaminzusätze zu geben. Eine Überversorgung mit bestimmten Stoffen kann genauso zu Erkrankungen führen wie eine Unterversorgung! Übrigens sind die zur Fütterung pro Tag empfohlenen Mengenangaben auf den Dosen oder Futtersäcken meistens viel zu hoch bemessen, denn die Hersteller wollen ja Umsatz machen. Probieren Sie aus, wie viel Ihr Kleiner Münsterländer tatsächlich braucht, um gut in Form zu sein - weder zu dick noch zu dünn.

Natürlich ist es das Bequemste, tagaus, tagein nur eine Dose aufzumachen und den Hund damit zu füttern. Trotzdem aber tut es dem Vierbeiner gut, wenn ab und zu ein wenig Abwechslung auf seinen Speiseplan kommt.

Gekochte Innereien vom Rind und ganz besonders der Blättermagen (Kuttel), vermischt mit einem Löffel Quark, hin und wieder mit einem Eigelb und Gemüse aller Art als Zusatz werden dankbar angenommen. Mit rohem Fleisch ist es so eine Sache. Die einen schwören darauf, die anderen wenden ein, dass das Infektionsrisiko mit Salmonellen, Bandwurmfinnen oder sonstigen Parasiten sehr hoch ist. Auf jeden Fall völlig tabu ist rohes Schweinefleisch! Es kann die Erreger der Aujeszkyschen Krankheit enthalten, die beim Hund in Kürze zu einem qualvollen Tod führt. Theoretisch kann sich der Hund auch mit rohem Rindfleisch infizieren, wenn dieses vorher (z.B. im Schlachthof) mit rohem Schweinefleisch in Kontakt gekommen ist oder nur durch den gleichen Fleischwolf gedreht wurde. Viele Jäger geben ihren Hunden regelmäßig roh die weniger wertvollen Teile des erlegten Wildes - Schwarzwild ist natürlich auch hier ausgenommen!

Ganz auf Fertigfutter zu verzichten und das Futter selbst zuzubereiten ist sicher möglich, aber sehr aufwändig und auch nicht ungefährlich, weil man es kaum schafft, ein wirklich ausgewogenes Nährstoffverhältnis hinzubekommen.

Am Futternapf muss Ordnung sein. Foto: W. Landwehr

DIE RICHTIGE ERNÄHRUNG

Süßigkeiten sollten gänzlich vermieden werden. Wenn man sie von Haus aus nicht anbietet, dann hat der Hund auch kein Verlangen danach. Schokolade ist wegen des darin enthaltenen Stoffes Theobromin sogar für Hunde giftig!

Auch das Verfüttern von Knochen als reines Futter kommt nicht in Frage. Ab und zu ein Kalbsknochen, wenn möglich vom Halsgrat, freut den Kleinen Münsterländer natürlich besonders und sorgt für eine natürliche Zahnpflege. Es dürfen aber nur stabile und frische große Knochen gegeben werden, die nicht splittern. Geflügelknochen sind tabu. In Frage kommen Knochen aber nur beim Kleinen Münsterländer, wenn er in den besten Jahren ist, denn im Alter können erhebliche Darmstörungen auftreten.

Unter Jägern gilt der Spruch: Der Hundeführer hat fünf Jahre einen jungen, fünf Jahre einen guten und fünf Jahre einen alten Hund. Was sind schon jeweils fünf Jahre.

Einen guten Hund hat man aber nur dann, wenn er nicht überfüttert wird. Als tägliche Futtermenge sollte, immer im Hinblick auf eine Lebensverlängerung, die Hälfte von dem verfüttert werden, was der Hund freiwillig bis zu seiner völligen Sättigung fressen würde. Der Versuch, den Kleinen Münsterländer sich einmal richtig vollfressen zu lassen, muss einmal gemacht werden, um die richtige Futterration zu ermitteln. Dabei vorsichtig vorgehen, denn gerade Hündinnen fressen, bis sie buchstäblich platzen. Es gilt folgende Regel: Der Idealzustand ist ein immer leicht hungriger Hund. Nur so kann seine Leistungsfähigkeit erhalten und das Leben verlängert werden, von einer guten Figur ganz abgesehen.

Gefüttert werden sollte bei Welpen und jungen Hunden dreimal, und bei einem ausgewachsenen Kleinen Münsterländer nur einmal am Tag und zwar am frühen Vormittag. Wenn der Hund mit dem Fressen fertig ist, dann sollte die Schüssel, auch wenn sie noch nicht ganz geleert ist, weggeräumt werden. Im Gegensatz dazu muss die Wasserschüssel ständig mit frischem Wasser gefüllt zur Verfügung stehen.

Kapitel 6

DIE GRUNDERZIEHUNG

Um am Anfang gleich mit einem Irrtum aufzuräumen, die Erziehung und das Abrichten sind grundverschiedene Dinge. »Abrichten« meint nur die jagdliche Ausbildung, während »Erziehung« die gute Grundschule ist, die jeder Hund beherrschen sollte, damit das Zusammenleben mit ihm zu einer angenehmen Sache wird. Schwer erziehbare Hunde gibt es bei allen Rassen, und es liegt letztendlich am Hundehalter, was er aus seinem vierbeinigen Freund macht. Es gibt nichts schlimmeres als einen Kleinen Münsterländer, der an der Leine hängt und seine Hausgenossen durch die Gegend zerrt. »Leinenführigkeit« und »Sitz« muss er also zumindest beherrschen, sonst haben beide, Hundehalter und Hund, keine rechte Freude aneinander.

Wie jeder Hund durchläuft auch der Kleine Münsterländer eine Entwicklungsphase, die von der Geburt bis vorerst einmal zur Geschlechtsreife geht. Dabei sind die ersten Eindrücke, die der Welpe oder der Junghund mitbekommt, entscheidend für das ganze Leben. Schon im Welpenalter und noch mehr in der Jugend kann ein Kleiner Münsterländer restlos verdorben werden.

Der Welpe sollte im Alter von acht bis zwölf Wochen zu seinem neuen Besitzer kommen, auf keinen Fall früher. Durch das Loslösen von seiner Mutter und seinen Geschwistern wird er sich sofort seinem neuen Herrn anschließen, denn das Trennen bedeutet für den kleinen Wicht vorerst eine Katastrophe. Er hat ja schon einige kleine Lebensphasen durchlaufen. Die erste ist die Zeit von der Geburt bis zur zweiten Woche, also bis zu der Zeit, in der er zu sehen und zu hören beginnt, da ist die Mutter alles. Als Nächstes kommt die Periode nach dem Öffnen der Augen und Ohren, das um den 14. Lebenstag herum geschieht. Man nennt diese Phase vom 14.-21. Tag auch die Übergangsphase. Dies ist der Zeitraum einer starken Reifung des Bewegungsapparates, jetzt beginnt das große Gekrabbel. Der Welpe nimmt Geräusche wahr, und auch in der Bildung der Milchzähne tut sich bereits etwas.

Ungefähr von der vierten bis zur zwölften Woche erfolgt bereits die Eingliederung in die Gemeinschaft, die so genannte Sozialisation. Ab diesem Zeitraum nimmt das

DIE GRUNDERZIEHUNG

bisher unterentwickelte Gehirn alles auf, was um den Welpen herum vor sich geht. Der Welpe merkt, dass es auch noch andere Dinge als die Zitzen seiner Mutter gibt. In dieser Zeit werden alle Grundzüge für das spätere Verhalten festgelegt!

Eine weitere Entwicklungsstufe ist dann die Zeit vom Junghundealter bis zur Geschlechtsreife. In diesen Zeitraum fällt dann auch schon eine gewisse Ausbildung, wie überhaupt seine Erziehung, die mit der Stubenreinheit anfängt.

In diesem Zeitraum soll unser Kleiner Münsterländer aber seine Jugend genießen. Bevor nämlich mit dem Gehorsam angefangen wird, braucht unser kleiner Freund zuerst einmal ein großes Herz und eine gesunde Lunge, die er nur bekommt, wenn wir ihm in seiner Jugend seine Freiheit lassen und wir selbst mit ihm kräftig herumtoben. Manche Autoren empfehlen, die Bewegung eine Junghundes einzuschränken, weil das Skelett noch nicht voll belastbar sei. Davon halte ich überhaupt nichts! Natürlich versteht es sich von selbst, dass man mit einem jungen Hund keine mehrstündigen Gewaltmärsche unternimmt und auch das Treppensteigen oder Herausspringen aus dem Auto sollte unterbleiben, damit der Bewegungsapparat keinen Schaden nimmt. Ansonsten aber soll der junge Hund herumtoben, so viel er möchte - nur so können sich Herz, Lungen und Muskulatur optimal entwickeln!

*Dieser Welpe beweist bereits Wesensfestigkeit.
Foto:
Pete A. Eising*

KLEINER MÜNSTERLÄNDER HEUTE

Junge Münsterländer-Hündinnen, drei Monate alt. Foto: Herbert Fiebak

Ist nun der richtige Welpe ausgesucht und nach Hause gebracht worden, dann wird er in den ersten Tage seine Stimme hören lassen, weil er von seiner Sippe getrennt wurde. Machen Sie nicht den Fehler, bei jedem Wimmern zu ihm hinzugehen um ihn zu beruhigen, denn so lernt er nur, dass er Erfolg hat und wird künftig noch mehr jaulen. Ignorieren Sie das Geschrei und gehen Sie dann zu ihm, wenn er ruhig ist. So begreift er schnell, dass er die ersehnte Zuwendung und Aufmerksamkeit nur dann bekommt, wenn er ruhig ist und nicht wenn er jammert. Der Welpe sollte von Anfang an auf dem ihm zugewiesenen Platz schlafen und nicht nach ein paar Tagen schon wieder umquartiert werden. Wie bereits erwähnt, muss er einen ruhigen Rückzugsort haben, an dem er sich sicher und geborgen fühlen kann. Wer eine Ofenbank sein Eigen nennt, hat darunter mit einer weichen Decke das perfekte Hundeheim.

Hat sich der Welpe eingewöhnt, so denke man langsam an das Entwurmen, die erste Impfung hat er bereits beim Züchter bekommen. Befragen Sie den Tierarzt, welches Präparat am sinnvollsten einzusetzen ist.

Eine gewisse Erziehung ist notwendig, und damit beginne man früh. Dazu gehört die Leinenführigkeit, die damit beginnt, dass man bereits den Welpen an sein Halsband gewöhnt und erst später an die Leine. Auch das Gehen bei Fuß kann dem jungen Hund beigebracht werden. Alles sollte aber spielerisch versucht werden, denn auch der herwachsende Kleine Münsterländer muss seine Jugend ausleben können und er sollte genügend Zeit zum Spielen bekommen.

DIE STUBENREINHEIT

Einen Welpen oder Junghund, den man von Anfang an nicht ständig unter Aufsicht hat, kann man praktisch nicht stubenrein bringen. Es gibt allerdings auch »Naturtalente«, die werden stubenrein, ohne dass der Halter viel dazu tut. Auch bei unserem kleinen Münsterländer ist das nicht anders.

In der ersten Zeit hält die Hündin alles sauber, sie verschlingt alles, was an Urin und Kot der Welpen anfällt. Ist der Welpe aber erst einmal in der Lage, auch nur ein wenig von der Mutter wegzukrabbeln, dann wird er sein »Geschäft« schon nicht mehr an seiner Schlafstelle verrichten, denn Hunde halten ihren Schlafplatz von Natur aus sauber. Einige Wochen später wird der Welpe seine Wurfkiste oder seinen Lagerplatz nicht mehr beschmutzen.

Es kommt dann die Zeit, sobald wir den Welpen vom Züchter übernommen haben, in der wir den kleinen Hund, besonders wenn er aufwacht, auf jeden Fall aber alle ein bis zwei Stunden, ins Freie tragen, um ihn an einen bestimmten Platz zu bringen. Das gilt erst recht, wenn er gefressen hat. In der ersten Zeit sollte man den Kot an dieser Stelle liegen lassen, denn der Welpe erkennt sehr schnell, was er da verrichten soll, und er wird immer wieder diese Stelle benutzen. Noch schneller versteht er, was Sie wollen, wenn Sie ihn beim Verrichten seines Geschäftes kräftig loben. Schon nach einer sehr kurzen Zeit und intensiven Beobachtung werden wir am Verhalten des Welpen erkennen, wenn er hinaus muss.

Selbstverständlich verhalten sich nicht alle Welpen gleich, der eine hat eine fast angeborene Stubenreinheit, ein anderer wieder ist sehr schwer zu erziehen. Auf jeden Fall ist darauf zu achten, sollte doch einmal im Haus etwas passiert sein, dass die Stelle, an der sich der Welpe gelöst hat, peinlichst sauber gemacht wird, denn jeder Welpe geht sonst mit hundertprozentiger Sicherheit wieder an diesen Platz, und die bisherige Erziehung war umsonst.

Es soll aber auch ausgewachsene Kleine Münsterländer geben, von denen man meinen könnte, sie machten so etwas aus Bosheit. Sie verrichten ihr großes Geschäft zwar im Freien, das kleine aber grundsätzlich an eine Sofaecke im Wohnzimmer. Einen Welpen, der sich im Zimmer gelöst hat, zu schimpfen, ist völlig sinnlos, selbst wenn man ihn auf frischer Tat erwischt hat, denn ihm fehlt in diesem Alter noch jeglicher Sinn für die Zusammenhänge. Bei einem ausgewachsenen Kleinen Münsterländer ist die Situation eine andere, denn dieser weiß sehr wohl, wenn er erwischt wird, was er angestellt hat. Ihn mit der Nase hineinzutupfen, wie es oft gemacht wird, hat keinen Zweck. Sagen Sie laut und streng »Nein!« oder »Pfui ist das!« und werfen Sie ihn sofort vor die Türe.

Ein anderer Fehler sollte auch nicht gemacht werden, nämlich den Welpen, der bekanntlich dreimal am Tag gefüttert werden soll, so ab der Mittagszeit mit dem Futter kurz zu halten, damit er in der Nacht durchhält. Mit dem Durchhalten wird es ohnehin nichts, und diese Methode insgesamt führt nur zu einer falschen Ernährung des Welpen.

Bei einer konsequenten Haltung seines Herrn wird der Welpe sehr schnell stubenrein. Viel Aufmerksamkeit heißt die Devise. Auf keinen Fall aber darf die Erziehung zur Stubenreinheit zu einer Tierquälerei ausarten.

DIE »LEINENFÜHRIGKEIT«, »GEHEN FREI BEI FUSS« UND »SITZ«

Unter Leinenführigkeit versteht der Abrichter, dass der Kleine Münsterländer an einer lose hängenden Leine auf der linken Seite seinem Herrn folgt, ohne vorzuprellen oder gar zu zerren oder seitlich auszuscheren. Der Hund muss sich seinem Führer in der Gangart immer anpassen, egal ob dieser langsam oder schnell geht. Die Leinenführigkeit beginnt schon mit dem Anlegen eines Halsbandes im Welpenalter. Die erste Zeit wird der kleine Wicht kratzen und winseln und versuchen diesen lästigen Gegenstand abzustreifen, aber schon nach einigen Stunden hat er sich an seine Halsung gewöhnt.

KOMMEN AUF PFIFF

Sehr wichtig ist, dass der Welpe von Anfang an mit seinem Namen angesprochen wird. Mit seinem Namensruf sollte er auch herangepfiffen werden und zwar immer mit dem gleichen Pfiff. Der Abrichter wird merken, dass der kleine Hund auch auf den Ruf »Hier« und den Pfiff sehr schnell zurückkommt. Vorerst ist das alles für ihn nur ein Spiel, aber ein Belohnung beweist ihm, dass es sich lohnt, zu seinem Herrn

DIE GRUNDERZIEHUNG

Kommt Ihr Hund, wenn Sie ihn rufen? Foto: Uta Schumann

zu kommen. Was Ruf und Pfiff bedeuten, kann man dem Junghund leicht begreiflich machen, wenn man ihn anfangs zur gefüllten Futterschüssel ruft oder dann, wenn er sowieso gerade kommt. Fürs Herkommen wird er dann noch überschwänglich belohnt. Ruft man den Hund später nur zum Anleinen zu sich, wird er immer weniger gerne kommen, weil es das Ende der Freiheit bedeutet. »Komm« muss also zwischendurch immer mit etwas Positivem belohnt werden wie z.B. einem Spiel, nach dem man den Hund wieder laufen lässt. So bleibt die Motivation erhalten!

Wenn der Hund einmal nicht auf den Pfiff horcht und verspätet zurückkommt, ist es sinnlos, ihn zu bestrafen, wenn er wieder bei Ihnen ist. So lernt er nur, dass Zurückkommen etwas Unangenehmes, nämlich Strafe, bedeutet und wird sich künftig noch mehr Zeit lassen. Besser ist es, den Folgetrieb des jungen Hundes auszunutzen. Obwohl er sich so keck von Ihnen entfernt hat, hat er nämlich Angst, in der großen weiten Welt alleine zu bleiben. Verstecken Sie sich deswegen nach dem ersten erfolglosen Pfeifen hinter einem Baum oder laufen Sie in die umgekehrte Richtung weg.

Das wirkt meistens Wunder und der erschrockene Junghund wird künftig besser aufpassen, Sie nicht zu verlieren!

Sehr oft sollte diese Methode aber nicht angewendet werden, sonst kann es vorkommen, dass sich der Hund nicht mehr von seinem Führer wegzugehen traut. Das ist bei einem Jagdhund, der später selbstständig suchen soll, natürlich nicht erwünscht! In der Fachsprache heißt es dann er »klebt«.

GEWÖHNUNG AN DIE LEINE

Hat sich der Welpe an die Halsung gewöhnt, so kann mit dem Anlegen einer Leine begonnen werden. Diese Leine besteht vorerst aus einem Stück Schnur, das lose auf dem Boden liegt. Die »Leine«, die an der Halsung zu befestigen ist, werden wir von Zeit zu Zeit ergreifen, damit der Hund merkt, dass er »angeleint« ist. Unter gleichzeitigem Locken, dem schon bekannten Kommando »Komm« und unter ganz leichtem Zupfen, wird der Hund herangeholt. Nie den Hund gewaltsam an der Leine zu sich heranzerren! Wenn wir das geschafft haben, bekommt der Kleine Münsterländer wieder eine Belohnung. Die Gewöhnung an die Leine erfolgt rasch, wenn nicht zu viel Zwang ausgeübt wird. Es sollte alles vermieden werden, was dem Hund Angst macht. Diese Übung muss laufend wiederholt werden.

»Sitz« angeleint. Foto: Herbert Fiebak

Hat sich der Hund einmal an die Leine gewöhnt, so werden wir feststellen, dass er sich freut, wenn wir die Leine nehmen, denn er weiß, dass es hinaus in die Natur geht. Sollte der Hund an der Leine ziehen oder vorprellen, dann gibt es eine einfache Methode, ihm das abzugewöhnen: Ein dünnes Ästchen abschneiden, an der Spitze die Blätter daran lassen. Mit diesen Blättern den Hund leicht auf die Nase tupfen. Alleine schon das Rascheln der Blätter wird ihn erschrecken und er wird zurückgehen. Dann muss er sofort ausgiebig gelobt werden!

Eine andere Methode ist, einfach kommentarlos stehenzubleiben, sobald der Hund an der Leine zieht, und zwar konsequent. Schon bald wird er merken, dass sein Ziehen nirgends hinführt, sondern im Gegenteil den Spaziergang langweilig macht. Jeder Schritt, den er anfangs ohne Ziehen neben ihnen macht, muss mit überschwänglichem Lob bedacht werden!

Der schon sehr früh an das Gehen gewöhnte Kleine Münsterländer, der mit dem Anblick der Leine etwas Schönes verbindet, wird durch die täglichen Übungen fast von alleine leinenführig, nach der ersten Zeit der eher spielenden Arbeit wird es nun langsam Zeit, dass das was man unter richtiger Leinenführigkeit versteht, durch intensivere Übungen erreicht wird.

Langsam kann jetzt mit Wendungen begonnen werden, denn der Kleine Münsterländer soll ja praxisnah ausgebildet werden. Man beginne also, mit dem Hund an der Leine, Bäume zu umgehen. Dabei muss unbedingt darauf geachtet werden, egal ob es links um den Baum herum geht oder rechts, dass der Hund jede Bewegung mitmacht.

Für die weitere Arbeit muss Folgendes besonders beachtet werden: Jeder Hund neigt dazu, im Augenblick des Loslassens von der Leine wild davon zu stürmen, ohne auch nur einen Augenblick auf das Kommando »Voran« zu warten. Um ihm das abzugewöhnen, gibt es nur eine Möglichkeit. Befestigen Sie dem Hund, der an der kurzen Leine nebenher läuft, noch eine lange Schnur an der Halsung, wobei Sie die durch die Halsung gezogene Schnur mit beiden Enden festhalten, um ihn jederzeit loslassen zu können, wir ihn damit aber auch rigoros zurückholen können. Erst auf unser Kommando »Voran« kann er frei suchen.

Wichtig ist, dass der Hund nur auf Kommando vorauseilen darf! Hier muss wirklich konsequent vorgegangen und geübt werden.

»BEI FUSS«

In der Zeit, in der die Leinenführigkeit geübt wird, immer wieder das Kommando »Fuß« gebrauchen, dann wird eines Tages der Zeitpunkt kommen, an dem wir unseren Kleinen Münsterländer während des Laufens von der Leine lassen können. Aber nicht immer wird das gut gehen. Ergeben sich am Anfang Schwierigkeiten, dann muss der Hund sofort wieder angeleint und eine gewisse Strenge ausgeübt werden. Die Übung muss immer wieder durchgeführt werden, bis es eines Tages klappt.

Ganz wichtig beim Üben der Leinenführigkeit und später des Freifolgens ist, dass Sie anfangs mit dem jungen Hund nur sehr wenige Minuten üben und mit einem Erfolgserlebnis aufhören. Länger kann sich der Kleine noch nicht konzentrieren! Und sorgen Sie dafür, dass er sich vorher schon genug austoben durfte, sonst machen Sie ihm die Übung unnötig schwer. Wählen Sie für die ersten Versuche auch nicht unbedingt eine Umgebung mit vielen Ablenkungen wie z.B. anderen Hunden, vielen Menschen oder Katzen, sondern ein möglichst ungestörtes Fleckchen.

Am Anfang sollte der Hundeführer mit seinem nicht mehr angeleinten Lehrling nur geradeaus gehen oder nur leichte Bogen machen. Mehr links- als rechtsherum, denn beim Linksgehen wird Ihnen der Hund am Anfang immer zwischen den Beinen hängen. Der Hund, der sich im Laufe der Zeit an die Gangart seines Führers gewöhnt hat, wird mit der Zeit jede Bewegung mitmachen. Manchmal kann auch mit einem leichten Schubs mit dem Knie nachgeholfen werden. Bei allem »Gehen frei bei Fuß« sollte auf keinen Fall vergessen werden, dass nur der angeleinte Hund voll in der Gewalt seines Führers ist. Gerade bei dieser Übung gilt die Devise, üben, üben und immer wieder üben.

Gleichzeitig mit der Leinenführigkeit wird der Hund auch das Sitzen lernen und zwar auf das Kommando »Sitz«. Der Befehl »Sitz« ist in allen Fällen der Auftakt zu jeder Arbeit. So wird der herbeigerufene oder -gepfiffene Hund vor dem Anleinen auf das Kommando »Sitz« hören.

»SITZ!«
Das Kommando »Sitz« kann man dem Hund auf unterschiedliche Weise beibringen:
- Dem Hund ein Spielzeug oder Leckerchen von hinten/oben so über die Nase halten, dass er sich setzen muss, um es zu sehen. Gleichzeitig »Sitz« sagen. Sobald er sitzt, kräftig loben! Diese Übung so oft wiederholen, bis der Hund verstanden hat, was das Wort »Sitz« bedeutet und sich allein daraufhin setzt.
- Dem stehenden Hund eine Hand unter den Fang legen und gleichzeitig mit dem Kommando »Sitz« das Hinterteil herunterdrücken. Kräftig loben, sobald der Hund

DIE GRUNDERZIEHUNG

sitzt. Bei dieser Methode besteht die Gefahr, dass Sie dem Junghund mit zu viel Druck und Zwang die Freude am Lernen verderben können. Fingerspitzengefühl ist also gefragt! Auch für die ersten Sitzübungen sollte ein von Ablenkungen möglichst freier Ort gewählt werden.

Bei all der Arbeit sollte auf keinen Fall das Loben für gute Arbeit vergessen werden. Ein paar Leckerle, die der Ausbilder immer in der Hosentasche haben sollte, wirken Wunder. Niemand sollte in den Fehler verfallen, aus einem Hundekind schon einen Jagdgebrauchshund machen zu wollen.

Beim Loben und Belohnen ist immer der richtige Zeitpunkt wichtig. Der Hund kann nur eine Verbindung zwischen Ihrem Lob und seiner Handlung herstellen, wenn dieses möglichst zeitgleich oder unmittelbar danach gegeben wird. Für strafende Worte gilt dies natürlich genauso. Überlegen Sie jeweils genau, WAS Sie eigentlich gerade belohnen und bestrafen und ob der Hund auch verstehen kann, was Sie meinen.

»Sitz!« Foto: Herbert Fiebak

Foto: Pete A. Eising

Kapitel 7

VOM WELPEN ZUM JAGDGEBRAUCHSHUND

Allgemeinerziehung und jagdliche Ausbildung gehen zu Beginn nahtlos ineinander über und sind auch nicht immer voneinander zu trennen. Das bereits besprochene Herkommen auf Pfiff zum Beispiel ist auch schon ein Bestandteil der jagdlichen Abrichtung. Wer als Nichtjäger einen Kleinen Münsterländer hält, darf sich nicht nur mit »Sitz« oder »Bei Fuß« oder »Gib Pfötchen« begnügen, sondern muss sich auch mit den Bereichen der eigentlich schon jagdlichen Abrichtung befassen, will er die stark vorhandenen und ja auch erwünschten Jagdtriebe bei seinem Hund unter Kontrolle bringen. Vor allem das kompromisslose Herkommen auf Ruf oder Pfiff sowie die Möglichkeit des sofortigen Ablegen ins »Down« sind unverzichtbar! »Down« ist ein Schlüsselpunkt in der Jagdhundeausbildung. Es bedeutet, dass sich der Hund auch aus der Bewegung heraus auf Kommando (z.B. Trillerpfiff) sofort zusammenklappen lässt und sich flach auf den Boden ablegt, mit dem Kopf zwischen den Vorderpfoten. Nur über ein wirklich konsequentes Befolgen der Kommandos »Hier« und »Down« können Sie Ihren Kleinen Münsterländer davon abhalten, selbstständig für ihn spannende Spuren zu verfolgen und Wild zu hetzen. Auch

Ein perfekter Apport.
Foto: Andrea Freiin von Buddenbrock

VOM WELPEN ZUM JAGDGEBRAUCHSHUND

Früh übt sich ...   Foto: Pete A. Eising

ein Jäger kann keinen Jagdhund brauchen, der alleine auf die Jagd geht! Wir kommen später noch ausführlich darauf zurück. Schauen wir uns zuerst einmal an, welche Veranlagungen unser Kleiner Münsterländer denn so mitbringt und mitbringen muss, um ein guter Jagdhund zu werden:

Erwünschte Veranlagungen
1. Eine gute Nase
2. Einen lockeren Hals
3. Wesensfestigkeit
4. Schärfe
5. Spurwille und Spursicherheit

Zunächst zur guten Nase: Es wurde bereits gesagt, dass der Kleine Münsterländer ein echtes »Nasentier« ist. Der Junghund soll später die Spur des Wildes aufnehmen, dazu gehört, dass er die Nase am Boden hat und zur sorgfältigen Suche und nicht zur Sichthetze angehalten wird. Sollte eine Veranlagung zum Spurlaut vorhanden sein, so wird sie dadurch gefördert. Es gibt keine schönere »Musik«, als wenn so ein kleiner Wicht bereits sehr früh seine glockenhelle Stimme auf der Spur erklingen lässt.

> *__Sichthetze:__ Das unerwünschte Verfolgen von Wild aufgrund optischer Reize - Wild springt ab, Hund hetzt hinterher.*

Der junge Hund soll also früh systematisch darin gefördert werden, seine Nase zu gebrauchen und gleichzeitig lernen, dass abspringendes Wild für ihn tabu ist. Letzteres lässt sich nur erreichen, wenn man seinen Hund nicht »schnallt« (Jägerjargon für »von der Leine lassen«), wenn er Wild sieht und mit dem Kommando »Pfui, was ist das!« zur Ordnung ruft. Ein Junghund sollte grundsätzlich nur unter Aufsicht seines Abrichters von der Leine gelassen werden, und auch dann nur, wenn man die fast hundertprozentige Gewissheit hat, dass er kein Wild eräugen (sehen) kann.

Wir bringen einen Welpen dazu, seine Nase am Boden zu halten, indem wir ihm einen Leckerbissen auf den Boden legen und ihn nicht hochspringen lassen. Ein Stückchen Rinderkuttel an eine Schnur binden und diese vor ihm herziehen mit dem Kommando »Such«, dabei immer seinen Namen nennen - das versteht der kleine Wicht schnell. Wenn er dann auch noch das Stück Kuttel als Belohnung erhält, dann wird er sehr bald verstehen, was wir von ihm wollen.

Der »lockere Hals« meint die Neigung zum freudigen Lautgeben. Für den Jäger besonders wertvoll ist der Spurlaut, bei dem der Hund ständig lautgebend (bellend) mit der Nase eine Spur verfolgt. Der begehrte Spurlaut muss angeboren sein - ein Hund hat ihn oder hat ihn nicht!

Wenn ein Hase aus seiner Sasse (seinem Lager) springt und davonjagt, hinterlässt er auf der Spur seinen Duft. Der junge Hund wird, ohne dass er den Hasen gesehen hat, auf diese Spur angesetzt. Hat er sie angenommen (was man an seiner Aufgeregtheit erkennt), wird er der Spur folgen - im besten Fall ununterbrochen lautgebend! Je weiter er der Spur folgt, desto besser. Er wird nach einer gewissen Zeit auf seiner eigenen Spur zurückkommen.

WESENSFESTIGKEIT UND SCHÄRFE

Was ist Wesensfestigkeit - was ist Schärfe? Da in vielen Kreisen, die mit Hunden zu tun haben, immer wieder Wesensfestigkeit mit Schärfe verwechselt wird, sollen hierüber einige Worte geschrieben werden. Wesensfestigkeit hat zwar mit Schärfe nichts zu tun, muss aber zum Beispiel bei den Erdhunden mit Schärfe gepaart sein, damit

VOM WELPEN ZUM JAGDGEBRAUCHSHUND

*Gespannte Aufmerksamkeit.
Foto: E. F. Bauer*

diese bei der Raubwildbekämpfung im Bau bestehen können. Dasselbe gilt auch für so genannte »Sauhunde«, auch diese müssen gegenüber dem Schwarzwild Standfestigkeit beweisen. Das Wort »Sauhund« ist in diesem Fall eine durchaus ehrenwerte Bezeichnung! Hier sind wir bei der Trennlinie angelangt, nämlich dem Begriff Schärfe, die manche Härte nennen, und dabei meinen sie Wesensfestigkeit.

Wesensfestigkeit kann auch mit Unerschütterlichkeit verglichen werden, wenn sich also ein Kleiner Münsterländer durch nichts aus der Ruhe bringen lässt. Hier ist alleine die seelische Verfassung des Hundes ausschlaggebend, gepaart mit einer harmonischen Körperfunktion und einem sehr guten Verhältnis zur Umwelt. Ein gestörtes Verhältnis zur Umwelt ist zum Beispiel Gewitterscheue, die aber durchaus nichts mit Schussscheue zu tun haben muss. Ein solches Benehmen zeigt jedoch schon eine gewisse Wesensschwäche. Allerdings kann es auch auf Mängel in der schon beschriebenen Sozialisation zurückzuführen sein, d.h. nicht angeboren, sondern erworben sein! Die Nerven eines Kleinen Münsterländers sind intakt, wenn er die innere Ruhe hat, die ein Zusammenleben mit ihm so begehrenswert macht. Sie hat mit Gleichgültigkeit nichts zu tun, der Kleine Münsterländer wird eben mit den Einflüssen seiner Umwelt besser fertig. Dieses Benehmen kann sich auf die Gebrauchsarbeit nur positiv auswirken.

Zeichen, die auf ein gestörtes Umweltbewusstsein zurückzuführen sind, sind unter anderem Aufgeregtheit, Angstbeißen, wie überhaupt eine angeborene oder erworbene Ängstlichkeit. Oft kann man erleben, dass sich ein Hund von niemandem anfassen lässt und sofort zu beißen versucht. Das alles hat nicht mit der viel zitierten »Mannschärfe« zu tun, es ist der Angstbeißer, der hier zum Vorschein kommt.

Diese Mängel an nervlicher Widerstandskraft wirken sich dann bei der Dressur und mit ziemlicher Sicherheit auch bei der Leistungsfähigkeit aus. Bei der Zucht müssen diese negativen Merkmale unbedingt berücksichtigt werden. Wie oft kann man zum Beispiel bei Prüfungen erleben, dass der eine Hund empfindlich reagiert, wenn auch nur ein Artgenosse in die Nähe kommt. Ein anderer benimmt sich so, als ob ihn die ganze Umwelt nicht das geringste angeht.

Die Experten haben die Wesensfestigkeit so definiert: *»Wesensfestigkeit ist der Zustand körperlicher Ausgeglichenheit, die sich auch bei außergewöhnlichen Umwelteinflüssen rasch wieder einstellt. Der Begriff der Wesensfestigkeit darf nicht mit Härte oder Schärfe verwechselt werden.«*

Der Verband für Kleine Münsterländer Vorstehhunde e.V. beschreibt erwünschte und unerwünschte Verhaltensweisen, was die Wesensfestigkeit betrifft, so:

Erwünscht:

Bindung an den Führer:	Eng, aber nicht klebend
Verhalten gegenüber Fremden:	Sicher und furchtlos
Bewegungs- und Betätigungstrieb:	Groß
Spieltrieb:	Erkennbar, gut ausgeprägt
Beute- und Bringtrieb:	Sehr ausgeprägt
Spür- und Stöbertrieb	Sehr ausgeprägt
Ausdauer:	Groß
Temperament:	Lebhaft
Härte:	Anzeichen vorhanden
Erwünschte Schärfe:	Anzeichen vorhanden

Unerwünscht: Alle Arten von Ängstlichkeit und Scheue, wobei besonders zu beachten ist, wie lange der Hund braucht, um nach einer für ihn ungewohnten Situation wieder sein inneres Gleichgewicht zu finden. Übersteigertes Misstrauen, Beißer aller Art, Nervosität und Schussscheue in allen Phasen.

Spurwille und Spursicherheit: Dies ist die natürliche Veranlagung des Kleinen Münsterländers, mit großer Passion eine Spur aufzunehmen und ihr zu folgen, ohne sich ablenken zu lassen. Das Suchen liegt ihm nicht nur im Blut, es ist auch für ihn eine große Freude!

DAS JAGDLICHE ABRICHTEN DES KLEINEN MÜNSTERLÄNDER VORSTEHHUNDES.
ABLEGEN ODER »DOWN«

Die wohl schwierigste aber zugleich wichtigste Gehorsamsübung ist das Ablegen oder, um das englische Wort zu gebrauchen, das »Down«. Wenn unser Kleiner Münsterländer diese Übung beherrscht, dann sind ihm alle anderen Gehorsamsbegriffe leichter beizubringen und, was sehr wichtig ist, die Voraussetzung für die Schussruhe ist geschaffen.

Der wichtigste Unterschied vom normalen »Platz« zum »Down« oder Ablegen ist, dass der Hund beim »Platz« den Kopf heben und umherschauen kann, ihn beim »Down« aber flach zwischen seine Vorderpfoten legen muss. Für den Hund ist dieses »Down« eine Unterordnungshaltung.

Wie soll nun dem jungen Kleinen Münsterländer das Ablegen beigebracht werden? Man beginne am besten in einem geschlossenen Raum, damit der junge Hund nicht ausbüxen kann und vor allen Dingen durch andere Dinge abgelenkt wird, Ratsam ist es, später gleichzeitig mit dem Kommando »Down« auch einen Pfiff aus der Trillerpfeife ertönen zu lassen. In der ersten Zeit sollte mit dem Hund nur im angeleinten Zustand gearbeitet werden. Gleichzeitig mit dem Pfiff muss auch die Hand gehoben werden. Dieses Handzeichen ist deshalb wichtig, weil der Hund später nur noch auf das Sichtzeichen »Down« gehen soll.

Um ihm die Bedeutung des Kommandos »Down« klarzumachen, muss man anfangs in Zeitlupentempo vorgehen. Legen Sie dem sitzenden Hund die linke Hand auf den Nacken und umfassen Sie mit der rechten die Vorderläufe oberhalb der Pfoten. Sagen Sie nun ruhig und gedehnt »Down, Down«, und ziehen Sie die Vorderläufe sacht nach vorn, während die Linke im Nacken schiebt. Machen Sie dem Hund anfangs keine Angst und loben ihn für kleine Fortschritte. Man kann auch die Leine unter dem rechten Schuh durchziehen, und zwar in der Beuge zwischen dem Absatz

*Oben »Platz«, rechts »Down«.
Fotos: Andrea Freiin von Buddenbrock.*

und der Schuhsohle, damit die Leine Luft hat. Gleichzeitig mit dem Kommando zieht der Abrichter mit der rechten Hand an der Leine, damit wird der Hund gezwungen, niederzugehen.

Bleiben Sie ruhig über dem nun flach liegenden Hund stehen, die Hände schweben über seinem Kopf, zum Eingreifen bereit, während Sie das Kommando »Down« wiederholen.

Nach kurzem korrekten Liegen in dieser für den Hund sehr unangenehmen Unterwürfigkeitshaltung erlösen Sie den Kleinen mit einem freudigen »Hier« oder »Komm« und loben ihn kräftig.

Achten Sie unbedingt darauf, dass die »Down-Haltung« von Anfang an korrekt ist. Der Kopf muss genau zwischen den Vorderläufen auf dem Boden liegen, die Hinterhand ist gerade und der Hund verharrt in völliger Regungslosigkeit, bis Sie ihn wieder zum Aufstehen auffordern. (Auch hier gilt: am Anfang nur sehr kurz üben und nicht zu langes Ausharren verlangen!)

Diese Übung muss täglich mehrmals wiederholt werden, bis der Hund alleine auf das Kommando »Down« hin die gewünschte Haltung einnimmt. Wenn Sie die rechte Hand zum Herabziehen der Läufe oder der Leine nicht mehr brauchen, verstärken

Sie den Druck der linken im Nacken, damit die Ausführung allmählich immer schneller wird. Liegt der Hund nun vorschriftsmäßig, umkreisen Sie ihn unter drohendem wiederholtem »Down« und hoch erhobener rechter Hand. Das ist das Sichtzeichen, das nun mit dem Kommando kombiniert wird. Je besser die Übung klappt, desto schwieriger können Sie sie machen, indem Sie mehr Ablenkungen für den Hund einbauen: Weiter weg gehen, in die Hände klatschen und so weiter. Jedes Heben des Kopfes muss sofort mit den Händen korrigiert und mit drohendem »Nein« korrigiert werden.

Wenn der Hund »Down« aus der Sitzstellung sowohl auf Hör- als auch auf Sichtzeichen versteht, wird es Zeit, es auch aus der Bewegung zu üben. Lassen Sie den Hund neben sich »bei Fuß« gehen, sagen Sie plötzlich »Down« und drücken ihn wie gewohnt mit der linken Hand nieder. Das wird so lange geübt, bis der Hund allein auf Sicht- und Hörzeichen zu Boden geht, auch aus dem Laufschritt. Erst jetzt kommt als drittes Zeichen der Trillerpfiff hinzu, der später für den Befehl aus größerer Entfernung gebraucht wird.

Sitzt erst einmal das Kommando »Down«, dann ist die Übung »Platz«, bei der unser Hund zwar liegen, den Kopf aber nicht auf den Boden legen muss, ein Kinderspiel. In umgekehrter Reihenfolge sollten Sie übrigens nie vorgehen! Wenn der Hund zuerst »Platz« lernt, schaffen Sie es später nicht mehr, ihn in »Down-Lage« zu bringen.

Im Haus wird »Platz« auch dann verwendet, wenn der Hund zu seiner Liegestatt gehen und sich niedertun soll. In dieses Lager habe ich ein Tuch ausgebreitet, das ich bei den ersten Reviergängen mit meinem Kleinen Münsterländer mit hinaus genommen habe. Dieses Tuch, das die Witterung des Hundes hatte, habe ich unter den Hochsitz gelegt und den Hund darauf ablegen lassen. Mit dieser Maßnahme habe ich ihm sein Lager vorgetäuscht. Am Anfang wurde der Hund unter dem Hochsitz nur angeleint abgelegt, denn die Verlockungen und Düfte, die er in die Nase bekommt, sind doch zu verführerisch. Ein guter Rat ist, sich ein paar Kiefernzapfen in die Tasche zu stecken: Wenn der Hund unruhig wird, wirkt ein Zapfen von oben auf den Buckel Wunder!

Sitzt das Kommando »Down« dann hundertprozentig, kann man sich an das Thema »Schussfestigkeit und Schussruhe« heranwagen.

SCHUSSFESTIGKEIT UND SCHUSSRUHE

Einen jungen Münsterländer schussfest zu machen heißt, ihn an den Schuss zu gewöhnen. Er muss dazu gebracht werden, dass er sich nach dem Schuss vollkommen ruhig verhält. Diese Verhalten muss dem jungen Hund nicht erst beigebracht werden, wenn er mit zur Jagd genommen wird, sondern bereits bevor man mit ihm zu jagen beginnt.

Der Kleine Münsterländer wird am Waldrand abgelegt. Als Hilfe kann man einen Rucksack neben den Hund legen und zur Sicherheit kann auch noch der Hund an den Rucksack angehängt werden. Wir gehen mit der Flinte in Anschlag und wenn sich der Hund unruhig zeigt, dann beruhigend auf ihn einreden, aber darauf bestehen, dass er in absoluter »Down-Lage« bleibt. Die ersten Schüsse niemals über dem Kopf des Hundes abfeuern, denn es kann passieren, dass unser Lehrling mitsamt dem Rucksack abhaut. In den meisten Fällen wird sich der Kleine Münsterländer schnell an den Krach gewöhnt haben.

Erst wenn unser Hund ruhig und in vorschriftsmäßiger »Down-Lage« liegen bleibt, kann sich der Hundeführer vom Hund entfernen, und zwar so, dass ihn der Hund nicht mehr sehen kann. Er muss auch jetzt nach der Abgabe von mehreren Schüssen liegen bleiben. Entfernt er sich von seinem Platz, dann wird er zur Ordnung gerufen und das ganze Spiel beginnt von vorne und zwar so lange, bis die Übung sitzt. Zeigt ein Hund, nachdem man viel mit ihm geübt hat, erhebliche Schussscheue, die ihm durch nichts abzugewöhnen ist, dann ist er für die Jagd untauglich.

DAS VORSTEHEN

Da unser Kleiner Münsterländer ein Lebewesen ist, werden wir feststellen, dass der eine gut und der andere weniger gut zum Vorstehen veranlagt ist. Hat man einen Lehrling vor sich, der aufgrund seiner Erbmasse schon in frühester Jugend vorsteht, dann sollte der Hundeführer trotzdem nicht zu sorglos sein und in dem Glauben leben, dass eine natürliche Veranlagung für alle Zeiten ausreicht und ein Üben nicht mehr notwendig ist.

Viele Abrichter und auch Praktiker machen den Fehler, viel zu schnell auf den Hund zuzulaufen, wenn er vorsteht. Unser Lehrling wird dadurch übereifrig in dem Glauben, dass ihm sein Herr beim Wild zuvorkommen könnte und er wird in seinem

VOM WELPEN ZUM JAGDGEBRAUCHSHUND

Beste Vorstehmanier. Foto: Lena Almqvist Gillstedt

Übereifer das Wild herausstoßen. Der Hundeführer sollte sich merken: Wenn er schon das Glück hat, einen Kleinen Münsterländer in die Hände zu bekommen, der sehr früh vorsteht, dann sollte er mit äußerster Ruhe vorgehen. Wenn der Hund also eine gewisse Zeit vorgestanden hat, dann muss er dazu angehalten werden, das Wild herauszustoßen. Zur gleichen Zeit wird das Kommando »Down« gegeben. Mit der Zeit wird der Kleine Münsterländer begreifen, dass er »Down« zu gehen hat, wenn das Wild abgeht. Er wird verstehen, dass er mit größter Gelassenheit vorzustehen hat.

Viel schwieriger wird es, wenn der Abrichter einen Hund in die Hände bekommen hat, der vorerst überhaupt nicht vorsteht. Wenn dann auch noch ein wildes Draufloshetzen folgt, dann zeigt sich, wie gut oder schlecht dem Hund »Down« beigebracht wurde. In so einem Fall wird unser Lehrling an die lange Dressurleine gelegt. Sobald der Hundeführer auch nur das geringste Anzeichen bemerkt, dass der Hund an Wild gekommen ist, muss er sofort die Dressurleine straff anziehen. Der Hund wird begreifen, dass er nicht machen kann was er will. Auf jeden Fall wird er in diesem Augenblick mit einem Pfiff in die »Down-Lage« gebracht. Wenn unser Lehrling trotzdem das Wild herausgestoßen hat, dann wird er in Kriechlage zu dem Platz gebracht, an dem das Wild gelagert hat.

Auch hier gilt die Devise: Üben und nochmals üben! Dann wird es eines Tages so sein, dass der Hund aufgrund des vielen Übens vor dem Wild vorliegt. Dabei ist es

Vorstehen mit zehn Wochen. Foto: Uta Schumann

Eine feine Nase. Foto: Anton Kolb

vollkommen egal, ob unser Kleiner Münsterländer vorsteht oder vorliegt. Wichtig ist, dass er verstanden hat und in Ruhe vorsteht, damit wir ordentlich mit ihm arbeiten können. Er muss wissen, um was es geht. Wenn dann alles hundertprozentig klappt, wird er von der Dressurleine gelassen und er kann frei suchen und vorstehen.

Abschließend zu dem Thema »Vorstehen« noch ein paar Worte zum so genannten »Blinker«. Unter dieser Bezeichnung versteht man Hunde, die wahrgenommenes

Wild, das heißt Wild, dem sie vorstehen könnten, einfach ignorieren, ja diesem sogar ausweichen. Bei den Gebrauchsprüfungen werden solche Hunde, die diese ablehnende Haltung mehrmals praktizieren, vom weiteren Prüfungsverlauf ausgeschlossen.

DAS APPORTIEREN

Der Kleine Münsterländer gehört ohne Zweifel zu den Hunden, die freudig apportieren. Bereits bei einem sehr jungen Hund können wir erkennen, ob er ein guter oder ein schlechter Apporteur wird. Der eine nimmt alles auf, was ihm unter die Nase kommt, ein anderer schnuppert nur ein wenig und weigert sich den Gegenstand oder das Wild aufzunehmen. Da das Apportieren ein Gehorsamsfach ist, kann einem jungen Hund das Apportieren ohne weiteres beigebracht werden.

Grundsätzlich sollte man den jungen Hund alles apportieren lassen, angefangen von Tauben, Krähen (die keiner besonders liebt) bis hin zu Wiesel, Hase und Fuchs. Mit dem unterschiedlichen Wild nimmt man dem Kleinen Münsterländer die Scheu vor jedem Wild und Raubzeug. Der Ausbilder sollte beim Üben zum Apportieren mehr als bei allen anderen Dressurfächern auf Besonnenheit achten.

Ist es eines Tages soweit, dann wird als Erstes ein Apportierbock verwendet, und zwar einer, der auseinandergenommen werden kann. Das heißt, dem Apportierbock muss Gewicht abgenommen oder hinzugefügt werden können. Die Gewichte sind links und rechts angebracht und der mittlere Teil muss so gehalten sein, dass ihn der Hund in den Fang nehmen kann. Ich habe die Mitte immer mit einem Stück Hasenfell oder einem Stück Tuch umwickelt. Beides kann vom Hund leichter ergriffen werden und beim Bringen über Hindernisse wird eine Verletzung der Zähne vermieden.

Als Kommando werden die Worte »Apport« und »Aus« verwendet. Ersteres wenn der Hund aufnehmen und das zweite wenn er bei seinem Führer ausgeben soll. Beide Kommandos müssen im energischen Ton ausgesprochen werden.

Der angeleinte Hund hat an unserer linken Seite von uns die Sitzhaltung eingenommen. Jetzt schieben wir ihm den von allen Gewichten befreiten Apportierbock in den Fang. Diejenigen Hunde die beizeiten zum Apportieren angehalten wurden, werden den Bock bereits beim ersten Mal im Fang lassen. Andere öffnen den Fang nicht und wieder andere lassen ihn nicht zu, sodass der Bock wieder herausfällt. Bei dem einen wird der Fang mit einem Lefzendruck geöffnet und anschließend der Apportier-

Mit solchen Helfern macht das Jagen Spaß. Foto: Andrea Freiin von Buddenbrock

bock in den Fang gelegt und von unten der Fang zugehalten. Wenn jetzt unser Hund den Bock im Maul festhält, wird er sofort gelobt. Den Bock zuerst etwa eine Minute im Fang lassen, später kann die Zeit erhöht werden. Mit dem Kommando »Aus« muss der Hund den Bock ausgeben. Tut er das nicht, dann wieder mit einem Lefzendruck nachhelfen, damit er das Maul aufmacht. Den Apportierbock sofort in die Hände nehmen, auf keinen Fall auf den Boden fallen lassen! Wenn der Hund das mitbekommt, wird er Ihrem Beispiel folgen und auch alles auf den Boden werfen, anstatt zuerst das Kommando »Aus« abzuwarten.

Wenn dann der Kleine Münsterländer den Apportierbock sicher festhält, was nach ein paar Übungstagen der Fall sein wird, treten wir einige Schritte zurück, warten eine Zeit lang, und gehen wieder auf den Hund zu, um ihm mit dem Kommando »Aus« den Bock wieder abzunehmen.

Einige Hunde neigen dazu, den Apportierbock hinzuwerfen, sobald sie sich setzen. Das können wir verhindern, indem das Kommando »Sitz« erfolgt und gleichzeitig

VOM WELPEN ZUM JAGDGEBRAUCHSHUND

Einwandfreies Apportieren.
Foto: Uta Schumann

mit der Hand unter das Kinn des Hundes gefasst wird. Der Kleine Münsterländer wird dann sehr schnell begreifen, dass er nur auf Kommando ausgeben darf.

Als Nächstes bringen wir unserem Lehrling bei, den Apportierbock vom Boden aufzunehmen. Als ein gutes Hilfsmittel erweist sich das Kommando »Fass Apport«. Der Apportierbock wird also in zirka einem Meter Entfernung vor dem Hund auf den Boden gelegt und das Kommando gegeben. Sollte unser junger Münsterländer trotzdem nicht daran denken, den Gegenstand vom Boden aufzunehmen, dann muss nachgeholfen werden, indem man den Kopf des Hundes mit der Hand nach unten drückt und ihn mit noch einmal dem Kommando »Fass Apport« dazu zwingt, den Apportierbock aufzunehmen, wenn es sein muss, mit einem Lefzengriff. Diese Übung kann nicht oft genug wiederholt werden. Der Kleine Münsterländer lernt mit dieser Methode für alle Zeiten, dass er zufassen muss.

Wenn der Kleine Münsterländer den Apportiergegenstand aufgenommen hat,

Übungsstunde - die erste Lektion.
Foto: Corinna Schumann

KLEINER MÜNSTERLÄNDER HEUTE

»Sitz« und »Aus«. Foto: Anton Kolb

wird er herangeholt und zum Sitzen gebracht. Die Dressurleine kann ohne weiteres zirka vier bis sechs Meter nach hinten ausgelegt sein, und der Apportierbock drei bis fünf Meter vom Hund entfernt abgelegt werden. Aufpassen, dass der Hund nicht sofort hinterherläuft, um den abgelegten Apportiergegenstand sofort aufzunehmen. Erst nachdem das Kommando »Fass Apport« ausgesprochen wurde, kann er losgehen und sein Apportel holen. Mit der Zeit muss der Apportierbock immer in weiteren Abständen zwischen dem Kleinen Münsterländer und dem Abrichter abgelegt werden.

Wenn dann der Hund mit dem apportierten Gegenstand zurückkommt, wird er mit dem Kommando »Sitz« in Empfang genommen, dann erfolgt das Kommando »Aus«. Empfehlenswert ist es, ab diesem Zeitpunkt den Apportiergegenstand häufig zu wechseln, es kann durchaus ein Stück Federwild sein, damit der Kleine Münsterländer nicht nur auf den Apportierbock gedrillt wird. Dann kommt langsam die Zeit, in der der Apportierbock durch Zusatzgewichte schwerer gemacht wird.

Geschafft, der Fuchs war mit seinen 13 kg aber auch ganz schön schwer. Foto: E. F. Bauer

VOM WELPEN ZUM JAGDGEBRAUCHSHUND

Nach getaner Arbeit. Foto: E. F. Bauer

Ein Grundsatz sollte beim Apportieren beachtet werden: Der Hundeführer darf zu keiner Zeit den Apportiergegenstand, egal was immer es ist, vor den Hund werfen. Der Gegenstand muss immer von ihm fortgetragen werden und der Abrichter zum sitzenden Hund zurückkehren. Erst dann wird das Kommando »Fass Apport« gegeben. Ist diese Übung von unserem Kleinen Münsterländer, der fast immer freudig apportiert, begriffen worden, dann kann daran gedacht werden, ihm beizubringen, wie er Gegenstände über Hindernisse zu bringen hat.

APPORTIEREN ÜBER HINDERNISSE

Als Hindernis bauen wir ein zirka 1,50 Meter hohes und breites Viereck aus dünnen Fichtenstämmen, die mit Reisig verblendet werden. Unser Lehrling wird ungefähr vier bis fünf Meter von diesem Hindernis zum Sitzen gebracht. Wir legen den zu apportierenden Gegenstand in dieses Viereck. Auf Kommando soll der Kleine Münsterländer über die Fichtenwand in das Viereck springen, den Gegenstand aufnehmen und zurück zu seinem Führer bringen. Unser Schlaumeier wird zuerst versuchen, um das Hindernis herumzukommen, weil er der Annahme ist, er könnte den Apportierbock auf diese Art bekommen. Das ist der Hauptgrund, weshalb ein Viereck einer Wand vorzuziehen ist. Ist nun wirklich ein Hund dabei, der nicht über die Wand in das Viereck springen will, dann muss mit der Leine nachgeholfen werden. Der Hund

KLEINER MÜNSTERLÄNDER HEUTE

*Bringen über Hindernis.
Foto: E. F. Bauer*

wird angeleint, an das Hindernis geführt und noch einmal mit dem Kommando »Fass Apport« und etwas körperlicher Nachhilfe an den Apportiergegenstand gebracht.

Am Anfang wird es vorkommen, dass unser Kleiner Münsterländer den Bock fallen lässt. Es erfolgt dann das Kommando »Down« und die strafenden Worte »Pfui, was ist das!« und das Spiel beginnt von vorne. Mit üben und immer wieder üben wird auch dieses Problem gelöst.

Dem Hund wird während dieser schweren Übung kein richtiges Wild zum Apportieren vorgesetzt, das soll erst geschehen, wenn dieser Teil der Übung hundertprozentig sitzt.

Mit dem Wegtragen des Apportierbocks durch den Abrichter wird der Kleine Münsterländer schon in geringem Maße gezwungen, seine Nase zu benutzen. Beides, das Benutzen der Nase und das Apportieren, sind Vorstufen zur Schleppenarbeit. Erst wenn das Fach »Apportieren«

*Bringen über Hindernis, auch beim Fuchs kein Problem.
Foto: Anton Kolb*

VOM WELPEN ZUM JAGDGEBRAUCHSHUND

vollkommen beherrscht wird und der Hund einen in größerer Entfernung, zirka 150 Meter, abgelegten Gegenstand freudig bringt, kann mit der Schleppenarbeit begonnen werden.

Mit ihm geht kein Stück verloren!
Foto: Andrea Freiin von Buddenbock

DIE SCHLEPPE

Um unserem Kleinen Münsterländer das Verlorenapportieren auf einer Schleppe beizubringen, muss vom Grundsatz ausgegangen werden: Je einfacher die Übungen am Anfang sind, desto leichter wird der Hund sie begreifen.

> *Verlorenapportieren:*
> **Der Hund bringt ein Stück Wild, das außer Sichtweite des Jägers erlegt wurde oder sich außer Sichtweite niedergetan hat, zum Jäger zurück.**

Die erste Lektion beginnt nicht im Wald, sondern auf dem Feld, noch besser auf einer Wiese, weil sich der Duft des geschleppten Wildes auf diesen Flächen am längsten hält. Für die Schleppe eignet sich jedes Wild, Raubzeug und zuletzt der Fuchs, der aber erst nach einer langen Übungszeit hergenommen werden sollte. Es sollte nicht immer die gleiche Wildart geschleppt werden.

Der wichtigste Grundsatz: Die Schleppe darf niemals vom Hundeführer selbst gelegt werden, da es dann für unseren Kleinen Münsterländer leicht ist, dem Duft des Abrichters zu folgen und nicht dem Duft des geschleppten Wildes.

KLEINER MÜNSTERLÄNDER HEUTE

Der Kleine Münsterländer (8 Monate alt) nimmt am Anschuss die Schweißfährte auf, und er arbeitet sich bis zum Stück vor, ...

*... wo er für seine sehr gute Arbeit eine ordentliche Belohnung erhält.
Fotos: Corinna Schumann*

Zuerst wird der Kleine Münsterländer an einer Stelle abgelegt, von der aus er das Anlegen der Schleppe nicht beobachten kann. Das Stück Wild wird am Anfang nur zirka fünfzig Meter geschleppt und zwar immer mit dem Wind. Der Hund wird dann von seinem Führer an den mit etwas Bauchwolle vom Hasen oder Kaninchen, bei

Federwild mit ein paar Federn gezeichneten »Anschuss« geführt. Dem Kleinen Münsterländer wird der »Anschuss« gezeigt, und er wird, wenn er nur etwas Passion hat, die Fährte annehmen, und zwar an einem langen Schweißriemen angeleint. Diese Maßnahme ist in der ersten Zeit erforderlich, um unseren Lehrling daran zu hindern, dass er anderen Verleitfährten nachgeht.

Am Wild angekommen, lässt man den Kleinen Münsterländer apportieren und geht mit ihm zu der Stelle zurück, an der die Fährte begonnen hat. Dort erfolgt das Kommando »Sitz« und »Aus«. Der Hund muss dann das Stück an seinen Führer übergeben. Hat der Hund seine Arbeit gut gemacht, gibt es viel Belohnung für ihn. Die erste Schleppe und auch die nachfolgenden werden so dem Kleinen Münsterländer erklärt.

Die nächste Schleppe sollte mindestens einhundert Meter lang sein. Auf dieser Länge wird mehrmals geübt. Wenn das Ganze dann einigermaßen sitzt, dann wird unser Lehrling auf halber Strecke von der Leine gelassen, später nur wenige Meter nach dem Anschuss. Dabei sollte beachtet werden, dass der Hund nicht etwa angeleint an einem Karabinerhaken zum »Anschuss« gebracht wird, das wäre grundfalsch! So würden wir den Hund, nachdem er die Schleppe angenommen hat, nicht schnell genug vom Riemen bringen und ihn damit vollkommen von seiner Arbeit ablenken. Die beste Methode ist, ein Stück Hanfleine zu nehmen, diese durch die Halsung zu ziehen und an beiden Enden festzuhalten. Wenn unser Kleiner Münsterländer die Schleppe angenommen hat, einfach ein Ende der Hanfleine loslassen und die Schnur gleitet, ohne dass der Hund auch nur das Geringste merkt, aus der Halsung.

Mit der Zeit wird die Schleppe auf ungefähr vierhundert Meter verlängert. In die Schleppe werden ab jetzt zwei oder drei rechtwinklige Haken eingearbeitet. Üben ist zwar oberstes Gebot, trotzdem ist zu empfehlen, nicht öfters als dreimal in der Woche eine Schleppe zu arbeiten, da unser Kleiner Münsterländer sonst die Lust verliert.

Es kann ab und zu vorkommen, dass unser Lehrling ohne Wild zurückkommt. Die beste Methode ist, den Hund erst einmal »Down« gehen zu lassen und zwar mit dem Tadel »Pfui, was ist das«. Anschließend wird er, wie zu Beginn der Übung, an der Leine zum Stück gebracht, und das Ganze fängt von vorne an.

Die Übung wird dann, wenn sie im Feld oder auf der Wiese hundertprozentig sitzt, im Wald fortgesetzt.

Für eine Schleppe darf niemals aufgebrochenes Wild verwendet werden, da sonst die Gefahr des Anschneidens sehr groß ist.

> ***Aufgebrochenes Wild:** Wild, dessen Innereien bereits vom Jäger entnommen wurden.*
> ***Anschneider:** Ein Hund, der Wild frisst, es mit seinen Zähnen »anschneidet«.*

Erst wenn unser Kleiner Münsterländer viele Male die für ihn gelegten Schleppen im Feld und im Wald bestens ausgearbeitet hat, kann mit einem Fuchs weitergemacht werden. Dieses Raubwild wird er nur apportieren, wenn wir ihm den Zweck seiner Aufgabe so klar wie möglich beigebracht haben, denn der starke Raubtiergeruch des Fuchses wird ihn zunächst abschrecken. Der Fuchs ist ja auch von seinem Gewicht her eine Herausforderung.

Erst wenn die Schleppenarbeit absolut sicher sitzt, kann mit der Schweißarbeit begonnen werden.

DIE ARBEIT AUF DER SCHWEISSFÄHRTE

Der Kleine Münsterländer ist wegen seiner hervorragenden Nase bestens für die Arbeit auf der Schweißfährte geeignet. Die Art, ihn auf Schweiß zu arbeiten, kann sehr unterschiedlich sein. Die Ausbildung sollte sich auf zwei Gebiete erstrecken, zuerst auf die Einarbeitung der künstlichen Schweißfährte und vorher auf mehreren Gesundfährten. Beide Arbeiten haben letztendlich die Arbeit auf der natürlichen Wundfährte zum Ziel.

> ***Schweißfährte/Wundfährte:** Die Spur, die ein angeschossenes/verletztes Tier mit seinem Blut (in der Jägersprache: Schweiß) auf dem Boden hinterlässt.*
> ***Gesundfährte:** Die Spur, die unverletztes Wild auf dem Boden hinterlässt.*

Das »Übungsmaterial« muss am Anfang nicht unbedingt Wildschweiß sein, es kann auch Schaf- oder Rinderblut genommen werden. Auf keinen Fall darf aber irgendein stinkiges Zeug oder halbverfaulter Schweiß Verwendung finden.

Als Handwerkszeug müssen eine breite Schweißhalsung, die nicht auf Zug arbeiten darf, und ein etwa sechs Meter langer Schweißriemen angeschafft werden. Eine Schweißhalsung ist mindestens doppelt so breit wie ein normales Halsband und mit einem drehbaren Ring versehen. Sie darf den Hund nicht würgen, das heißt sie darf nicht auf Zug arbeiten.

Noch ein Grundsatz sollte beachtet werden, bevor mit der eigentlichen Übung begonnen wird: Ein voller Bauch studiert nicht gerne! Unser Kleiner Münsterländer wird seine Arbeit auf Schweiß viel freudiger verrichten, wenn er hungrig beginnt, gefüttert werden kann in diesem Fall ausnahmsweise einmal hinterher.

Zuerst zur Gesundfährte: Der junge Kleine

Zügige Arbeit auf der Schweißfährte.
Foto: Pete A. Eising

Münsterländer wird also an den langen Riemen genommen und zum Beispiel an eine Hasenspur gebracht. Hier soll er eifrig suchen. Er wird nach einigem Kreisen die Spur annehmen und dieser mit wedelnder Rute folgen. Während der Arbeit muss der Hund immer mit leiser Stimme gelobt werden, wenn er die Spur hält, denn das ist der Beweis, dass er seine Nase gebraucht. Mit dem Lob sollte aber auf der anderen Seite auch wieder sparsam umgegangen werden, denn es gibt Hunde, die bei jedem Lob so stark motiviert werden, dass sie gewaltig anziehen. In so einem Fall ist eine beruhigende Einwirkung auf unseren Lehrling angebrachter. Es kann vorkommen, dass der Hund im Übereifer einen Haken überschießt, dann sollte man ihn ruhig kreisen lassen, bis er wieder eingefädelt hat. Wenn das nicht der Fall ist, den Hund ruhig einige Meter zurückbringen und zwar zu der Stelle, bei der wir der Meinung sind, dass er

KLEINER MÜNSTERLÄNDER HEUTE

Der Lohn für eine erfolgreiche Nachsuche. Foto: E. F. Bauer

von der Spur gekommen ist. Ob der Hund richtig auf der Fährte arbeitet, erkennt man an seinem Verhalten - er ist aufgeregt und wedelt mit der Rute. Sobald er von der Fährte abgekommen ist, hört alles das auf, man sagt in der Jägersprache er »faselt«. Er muss dann auf den Arm genommen und zurück zu der Stelle gebracht werden, an der er mit seinem Verhalten zuletzt anzeigte, dass er Witterung hatte. Daraus wird klar, dass auch der Hundeführer bei der Ausbildung auf der Fährte sehr konzentriert und ruhig arbeiten muss!

Wenn unser Kleiner Münsterländer so um die dreißig Gesundfährten gearbeitet hat, dann kann auf die künstliche Schweißfährte übergegangen werden. Hat man einmal mit der künstlichen Schweißfährte begonnen, dann darf nie mehr auf der Gesundfährte gearbeitet werden. Bei der künstlichen Schweißfährte muss am Ende unbedingt ein Stück »Wild« liegen, da unser Kleiner Münsterländer ein Erfolgserlebnis haben muss, wenn er die Schweißfährte ausgearbeitet hat. Dieses »Wild« kann auch aus einer Rehdecke bestehen.

Für die Herstellung einer künstlichen Schweißfährte kann eine Plastikflasche verwendet werden. Als Verschluss genügt ein Korken, der an einer Stelle eingekerbt wird. Aus dieser Kerbe soll immer ein Tropfen Schweiß kommen. Die Fährte wird so getropft, dass zirka ein Tropfen pro Meter den Waldboden berührt. Die Schweißfährte wird grundsätzlich im Wald gelegt, der »Anschuss« muss am Waldrand liegen. Den »Anschuss« mit etwas mehr Schweiß versehen. Den Verlauf der Fährte kann man mit weißen Papierschnitzeln, die mit Reißnägeln an den Bäumen befestigt werden, markieren. Mit dieser Maßnahme kann der Hundeführer überprüfen, ob der Hund auch wirklich auf der Fährte ist.

Legen Sie die ersten Fährten nicht länger als 150 bis 200 Meter an und versehen sie nur mit einen Haken. Der Haken soll mit einem »Wundbett« versehen werden, das heißt wir tropfen an dieser Stelle etwas mehr Schweiß auf den Boden. Die ersten Fährten sollten nicht länger als zwei Stunden stehen. Später wird die Standzeit verlängert, bis sie schließlich acht Stunden erreicht und letzten Endes auf Übernacht angelegt wird. Die Länge der künstlichen Schweißfährte beträgt dann zirka eintausend Meter, in die drei Haken eingebaut werden.

Eine zweite Art, eine künstliche Schweißfährte anzulegen ist das so genannte »Tupfen«. Dazu wird ein Stück Schwamm genommen, der an einem Stock befestigt wird. Dieser Schwamm wird in den Schweiß eingetaucht und bei jedem Schritt auf den Waldboden aufgedrückt. Diese Schweißfährte hat den Vorteil, dass der Schweiß besser auf dem Boden haftet. Der Nachteil ist, dass etwas mehr Schweiß gebraucht wird, andererseits schadet es nicht, wenn unser Kleiner Münsterländer am Anfang etwas mehr in die Nase bekommt.

Wie am Anfang erwähnt, ist die Grundlage der Schweißarbeit die Vertrautheit unseres Kleinen Münsterländers mit dem langen Riemen. Der Hund muss wissen, wenn er das bereite Halsband angelegt bekommt, dann geschieht etwas Besonderes, und am Ende der Fährte wird er etwas finden, für das er eine Belohnung bekommt. Die eigentliche Schweißarbeit beginnt für unseren Lehrling nicht erst mit dem Straffen des Schweißriemens, sondern schon mit dem Beobachten, wenn der Hundeführer einen »Anschuss« untersucht, wenn er die Schweißleine abdockt und so weiter. Schon das Beobachten muss die Arbeitsfreude des Kleinen Münsterländers wecken.

Als Kommando verwenden wir »Such verwundt«. Zu Beginn der Arbeit sollte man den Hund niemals aufhetzen, ganz im Gegenteil, beruhigend auf ihn einwirken. Wenn er einmal von der Fährte abkommt, nicht nervös werden. Einige Schritte zurück und wieder neu einfädeln und wenn der junge Münsterländer Schweiß anzeigt, muss er gelobt werden. Es kann vorkommen, dass der Wind von der Seite einfällt und unser Hund zirka zwei Meter neben der Fährte arbeitet, auch das ist kein Fehler.

Eine künstliche Schweißfährte sollte nur einmal in der Woche gearbeitet werden, denn sonst könnte es vorkommen, dass unser Hund die Freude an dieser Arbeit verliert.

Die künstliche Schweißfährte kann niemals die natürliche ersetzen. Es fehlen die Schnitthaare und zum Beispiel auch die Schaleneindrücke, also die »Fußspuren« des Wildes. Die künstliche Schweißfährte sollte übrigens immer von einer fremden Person gelegt werden, damit der Hund nicht durch den Geruch seines Hundeführers abgelenkt wird.

Eines Tages wird es dann soweit sein, dass die erste Naturfährte fällig wird. Diese Arbeit überrascht den jungen Münsterländer vollkommen, und wer mit seinem Hund lange gearbeitet hat, der wird beobachten können, mit welch einer Begeisterung er die Schweißfährte anfällt. Wenn er dann auch noch zum Schluss ein Stück findet, dann ist die Freude bei beiden, dem Hundeführer und dem Kleinen Münsterländer, groß!

Zum Schluss noch ein Rat: Wenn der Hundeführer der Meinung ist, der Hund wäre nicht auf der Fährte, dann täuscht er sich in den meisten Fällen und er sollte bedenken, dass der Kleine Münsterländer die bessere Nase hat!

STÖBERN UND BUSCHIEREN

Ein Grundsatz gilt bei diesen beiden freien, selbstständigen Sucharbeiten ohne Leine: Mit dem Stöbern und Buschieren darf erst begonnen werden, wenn der Kleine Münsterländer in seiner Arbeit vollkommenen sicher ist. Das gilt ganz besonders für das Vorstehen! Es ist schlecht für jeden Hund, wenn man ihn vor der Vorsteharbeit stöbern lässt.

> *__Stöbern:__ Freie Suche des unangeleinten Hundes in größerer Entfernung vom Hundeführer.*
> *__Buschieren:__ Freie Suche des unangeleinten Hundes in unmittelbarer Nähe des Hundeführers.*

Die Pausen zwischen Vorstehen und Einspringen werden zwangsläufig immer kürzer, sehr zum Ärger für den Hundeführer. Es ist daher ratsam, mit denn Stöbern erst mit Beginn des zweiten Feldes (des zweiten Jahres) anzufangen, das heißt, wenn alle Gehorsamsfächer vollkommen sitzen.

Das Buschieren, das heißt die Arbeit unter der Flinte, kann dagegen schon mit dem jungen Kleinen Münsterländer begonnen werden, weil er immer unter Kontrolle bleibt.

VOM WELPEN ZUM JAGDGEBRAUCHSHUND

Es muss darauf geachtet werden, dass der Kleine Münsterländer bei der Buschierarbeit immer in engstem Kontakt mit seinem Führer bleibt. Um das zu erreichen, ist eiserner Gehorsam notwendig. Tadelloses »Folgen frei bei Fuß«, lautloses Zusammensinken bei dem Kommando »Down«, noch besser auf das Handzeichen »Down«. Kein Winseln oder gar Bellen, wenn flüchtendes Wild vorbei kommt. Das ist höchste Abrichtekunst.

Buschieren. Foto: Uta Schumann

Beim Buschieren in Schonungen, also bei begrenzter Sicht, ist darauf zu achten, dass der Hund so kurz wie möglich vor uns »reviert«. Am Anfang werden wir das Tempo unseres Kleinen Münsterländers durch das Kommando »Laaangsam« bremsen müssen und es ist nicht falsch, wenn unser junger Hund öfters das Kommando »Platz« hört. Wir müssen ihm durch das Warten beibringen, dass der enge Kontakt zwischen Hundeführer und Hund sehr wichtig ist. Der Hund nimmt die Witterung des Wildes im dichten Unterholz sehr viel später auf. Für ihn wird dann der Anreiz zum Vorprellen

Stöbern - eine Paradedisziplin des Kleinen Münsterländers.
Foto: Andrea Freiin von Buddenbrock

KLEINER MÜNSTERLÄNDER HEUTE

Auf der Hasenspur.
Foto: Lena Almqvist Gillstedt

Foto: Uta Schumann

und Hetzen sehr viel größer. Ein bereits gut geführter junger Münsterländer wird die Jagdart des Buschierens sehr rasch begreifen und er nimmt sehr schnell den Unterschied zwischen der Feld- oder der Wasserarbeit wahr.

Von einem Kleinen Münsterländer, der stöbern soll, wird verlangt, dass er das von einigen Schützen umstellte Dickicht automatisch durchsucht und vorhandenes Wild den Schützen zuführt, er muss einem Stück Wild spurlaut folgen, bis ein Schütze zum Schuss kommt. Das erlegte Wild muss er apportieren und bringen. Angeschossenes Wild muss er auf der Krank- und Wundspur bis zum Dickungsrand verfolgen. Den Rand der Dickung darf der Hund nicht verlassen. Nach Herausdrücken des Wildes soll er wieder in der Dickung verschwinden und weiterstöbern.

Das Ganze beginnt damit, dass der junge Münsterländer vorerst einmal am Dickungsrand abgelegt wird. Er wird die erste Zeit nicht alleine in die Dickung wollen. Dem muss abgeholfen werden, indem der Hundeführer mit in die Dickung muss - auch wenn das nicht immer angenehm ist.

Wenn wir unserem Kleinen Münsterländer das Stöbern beibringen wollen, bleibt uns nichts anderes übrig, auf allen Vieren gemeinsam mit ihm in die Dickung zu kriechen. Vorher aber muss dafür gesorgt werden, dass diese Dickung von befreundeten Personen umstellt ist, denn wenn der Hund auf Rehwild stößt, dann wird er nicht mehr zu halten sein. Aufgabe der Jäger ist es nun, den Kleinen Münsterländer, wenn er aus der Dickung auf der Rehfährte daher kommt, sofort abzufangen und ihm mit aller Deutlichkeit klar zu machen, dass er dieser Fährte nicht folgen darf. Mit allen Mitteln, wenn es sein muss mit Zwang, muss versucht werden, den Hund wieder in die Dickung zurückzubringen.

Abschließend kann zu diesem Thema gesagt werden, dass es für einen Vorstehhund eine große Umstellung ist, wenn er von der Feldarbeit zum Stöbern gebracht werden soll und es ist nicht zu leugnen, dass die Rückkehr zur Feldarbeit noch viel schwerer ist, denn der Hund hat mit dem Stöbern eine große Freiheit verspürt, die er nicht so leicht wieder aufgeben möchte. Das Beste ist, der Hundeführer vergisst an diesem Tage die Feldarbeit und geht mit seinem jungen Hund nach Hause. Diese Feststellung gilt nicht nur für den Kleinen Münsterländer, auch alle anderen Vorstehhunde, überhaupt alle Jagdhunde, haben nach dem Stöbern nichts Gutes im Sinn.

Vorbildliches Ablegen beim Stöbern.
Foto: Anton Kolb

DIE WASSERARBEIT

Wie bei allen anderen Jagdhunden muss auch bei unserem Kleinen Münsterländer die Wasserfreudigkeit angeboren (der Jäger sagt »angewölft«) sein. Man kann dem Hund wohl noch einige Fertigkeiten für die Arbeit im Wasser beibringen, die Passion für das Wasser muss er aber von Geburt an haben.

Zuerst wird der junge Münsterländer an ein Gewässer mitgenommen, in dem er stehen kann und man selbst Boden unter den Füßen hat. Der Hund muss regelrecht

KLEINER MÜNSTERLÄNDER HEUTE

hingelockt werden. Auf keinen Fall darf Zwang ausgeübt oder der junge Hund regelrecht ins Wasser geworfen werden. Gelingt das Vorhaben nicht, dann geht man an einen Bach, der Hundeführer watet durch und unser Lehrling wird auf der anderen Seite von einer befreundeten Person festgehalten. Der Abrichter, der den Kleinen Münsterländer an einer langen Schnur hat, lockt diesen ins Wasser, und er wird, nach

Keine Scheu vor dem Wasser. Foto: Andrea Freiin von Buddenbrock

Arbeit im tiefen Wasser. Foto: Pete A. Eising

einigem Zögern, zu seinem Führer wollen. Zögert der Hund jedoch noch immer, dann kann man mit einem leichten Zug an der Schnur nachhelfen.

Diese erste Übung sollte auf keinen Fall an einer steilen Uferböschung und auch nicht in einem tiefen Wasser durchgeführt werden, um es dem Hund nicht zu schwer zu machen. Der Kleine Münsterländer geht leichter in das nasse Element, wenn er noch Boden unter den Läufen verspürt. Wenn es dann tiefer wird, fängt er automatisch mit dem Schwimmen an. Es gibt Hunde, die auf der Stelle paddeln, senkrecht im Wasser stehen und nicht vorwärts kommen. Dem kann abgeholfen werden, indem wir unseren Lehrling mit der rechten Hand unter die Brust hinter den Vorderläufen und mit der linken Hand unter den Bauch vor den Hinterläufen greifen und ihn so in die Waagrechte bringen. Er wird mit dieser Hilfestellung sehr bald begreifen, wie das wirkliche Schwimmen vor sich geht.

KLEINER MÜNSTERLÄNDER HEUTE

Mal vorsichtig probieren ...
Foto: Herbert Fiebak

Bei der Wasserarbeit gilt als oberster Grundsatz: Die Halsung muss immer entfernt werden! Wenn der Hund ohne Kontrolle im Schilf stöbert, könnte er an einem Ast oder einer versteckten Wurzel hängen bleiben und jämmerlich ertrinken, um nur ein Beispiel zu nennen.

Hat sich der Hund dann daran gewöhnt, auch im tiefen Wasser zu schwimmen, so kann ihm das Stöbern im Schilfwasser beigebracht werden. Hierzu verwenden wir eine möglichst wildfarbene Hausente, die am Ufer ausgesetzt wird. An der Stelle, an der die Ente ins Wasser gebracht wurde, sollten ein paar Federn ausgelegt werden. Ein passionierter Kleiner Münsterländer wird der Ente auf der Wasserspur folgen und sie im Schilf auch finden. Keine Angst, er wird die Ente nicht erwischen, sie wird Sieger bleiben, weil sie unserem Lehrling mit ihren Schwimm- und Tauchkünsten weit überlegen ist. Diese Übung muss mehrmals wiederholt werden.

Die erste Übungsstunde im tiefen Wasser.
Foto: Alois Göpfert

Die bessere Methode ist natürlich, wenn der Kleine Münsterländer von Anfang an Gelegenheit hat, an Entenjagden teilzunehmen und dabei ausgiebig im Schilf nach-

VOM WELPEN ZUM JAGDGEBRAUCHSHUND

*Apportieren aus dem Wasser.
Foto: Andrea Freiin von Buddenbrock*

suchen und nachstöbern kann. Eine bessere Lernmethode für die Wasserarbeit gibt es nicht. Langsam wird es dann Zeit, unserem Kleinen Münsterländer beizubringen, wie er einen Gegenstand aus tiefem Wasser zu apportieren hat. Dazu dient auch wieder am Anfang der Apportierbock, der eine erlegte Ente aber niemals ersetzen kann. Der Übergang vom Apportierbock zur Ente ist nicht schwer, die Ente nimmt er

*Erfolgreicher Abschluss auf Wildenten.
Foto: Heiner Kirsche*

*Wasserjagd in schwedischen Gewässern.
Foto: Lena Almqvist Gillstedt*

ohnehin lieber in den Fang. Nach dem Zutragen der Ente muss sich der Hund sofort setzen und zwar auf das Kommando »Sitz« und die Ente ausgeben, bevor er sich schüttelt, da er in den meisten Fällen anfangs mit dem Schütteln auch die Ente hinwirft.

Es wird der Tag kommen, an dem alles wunderbar gelingt. Sollten doch einmal Rückschläge vorkommen, nicht verzagen, denn auch hier heißt die Devise üben und nochmals üben. Die Wasserarbeit gehört zu den schönsten jagdlichen Erlebnissen.

DAS TOTVERWEISEN UND TOTVERBELLEN

> *__Totverweisen:__ Der Hund zeigt dem Hundeführer an, dass er das erlegte Stück Wild gefunden hat, z.B. durch den »Bringselverweis«.*
> *__Totverbellen:__ Der Hund zeigt durch Verbellen am erlegten Stück Wild seinem Hundeführer an, dass er gefunden hat.*
> *__Bringselverweis:__ »Stumme« Verweismethode. Der Hund nimmt, sobald er das erlegte Stück gefunden hat, das an seiner Halsung befestigte »Bringsel« selbstständig in den Fang und läuft damit zu seinem Hundeführer zurück zum Zeichen, dass er gefunden hat.*

Das Abrichten eines Kleinen Münsterländers zum Bringselverweiser ist nicht so schwierig, wie manche denken. Es geht folgendermaßen vor sich:

Der Abrichter bindet dem Hund das so genannte Bringsel, das aus einem zirka fünfzehn Zentimeter langen und zirka drei bis vier Zentimeter breiten Holzstück besteht und mit Leder umwickelt ist, an einer genau angepassten Schnur um den Hals. Eine elastische Schnur, zum Beispiel Hosengummi, wäre noch besser. Die Schnur oder der Gummi sollte nur so weit herabhängen, dass sie den Kleinen Münsterländer bei der Arbeit nicht behindert und unser Lehrling das Bringsel, wenn er den Kopf senkt und dieses am Boden aufliegt, ohne Schwierigkeit in den Fang nehmen kann. Es gibt auch ganz aus Nylonseil geflochtene Bringsel, die mit einem drehbaren Karabinerhaken an der Halsung befestigt werden.

Die Dressur wird damit begonnen, indem ein Gehilfe, der dem Hund sehr vertraut sein muss, bei dessen Ankunft am Wild unter Lob und Überreichung einer Belohnung das »Bringsel«, das bei den ersten Übungen auf dem Stück liegt, mit dem Kommando

VOM WELPEN ZUM JAGDGEBRAUCHSHUND

So sieht der Bringselverweis aus. Foto: Andrea Freiin von Buddenbrock

»Apport« in den Fang schiebt. Im gleichen Moment muss der Hundeführer den Hund abpfeifen und zu sich locken. Hier wird dann das Bringsel unter Belobigung abgenommen. Anschließend wird unser Kleiner Münsterländer an der Leine und unter Anfeuerung zum Stück Wild zurückgeleitet.

Die Distanz wird von Übungseinheit zu Übungseinheit immer mehr vergrößert. Eines Tages steht unser Gehilfe nicht mehr direkt beim Stück, sondern einige Meter daneben und er feuert den Hund durch den Zuruf »Apport« an, das Bringsel selbstständig aufzunehmen und zu seinem Hundeführer zu bringen. Die Anfeuerungsrufe müssen mit der Zeit immer leiser werden und eines Tages wird unser Kleiner Münsterländer ohne jegliche Aufforderung das Bringsel in den Fang nehmen und zu seinem Abrichter zurückbringen.

Will man einem Kleinen Münsterländer das Totverbellen beibringen, dann ist ein so genannter lockerer Hals und das Lautgeben auf Kommando eine Grundbedingung, denn nur wenige Hunde verbellen aus rein natürlicher Veranlagung. Das Lautgeben haben wir unserem Hund schon in frühester Jugend beigebracht und zwar bei jedem

KLEINER MÜNSTERLÄNDER HEUTE

*Erfolgreiche Nachsuche im Morgengrauen mit anschließendem Totverbellen.
Foto: Heiner Kirsche*

erdenklichen Anlass. Da der Kleine Münsterländer ohnehin auf das Kommando »Gib Laut« reagiert, werden wir im Wald eine Rehdecke oder ähnliches bereits in einiger Entfernung beispielsweise an einen Baum hängen. Das Objekt sollte auf jeden Fall beweglich aufgehängt werden, um den Hund zum Lautgeben zu reizen. Wenn er dann am »Stück« Laut gibt, muss er wieder belohnt werden. Es kann vorkommen, dass der Hund versucht, die an einem Ast hängende Rehdecke zu apportieren, deshalb muss sie entsprechend hoch aufgehängt werden, damit er sie nicht erreichen kann.

Abschließend soll nicht unerwähnt bleiben, dass die Ausbildung zum Totverbeller oder Totverweiser sehr viel Geduld erfordert. Es kommt immer wieder vor, dass Hundeführer, die ein paar Mal geübt haben, ihren Kleinen Münsterländer für Prüfungen als Totverbeller oder Totverweiser melden und sich dann gründlich blamieren. Damit verwischen sie auch den guten Eindruck, den ihr Hund im bisherigen Prüfungsverlauf gemacht hat. Bevor unser Kleiner Münsterländer zum Bringselverweiser oder zum Totverbeller abgerichtet werden soll, muss er auf der künstlichen Schweißfährte absolut sicher sein.

Kapitel 8

DAS PRÜFUNGSWESEN

Keine geringeren als die beiden Altmeister Oberländer und Hegewald forderten als erste die Pflichthaltung von Hunden zur Jagd und die Leistungsprüfungen für Jagdhunde. Ganz konnten sie sich nicht durchsetzten, aber sie haben doch einiges erreicht. Heute ist dem Jagdpächter in allen deutschen Jagdgesetzen vorgeschrieben, einen brauchbaren Jagdhund zur Verfügung zu halten, um krankes oder angeschossenes Wild schnell nachsuchen zu können. So war es ein denkwürdiger Tag, als auf ihre

> *<u>Oberländer:</u> Eigentlich Carl Rehfus, bekannt geworden unter seinem Pseudonym und als Autor des Klassikers »Die Dressur und Führung des Gebrauchshundes« (ersch. 1904).*
>
> *<u>Hegewald:</u> Pseudonym, eigentlich Freiherr Sigismund von Zedlitz und Neukirch (1838-1903), setzte sich dafür ein, die Leistungsfähigkeit des Jagdhundes zum höchsten Zuchtziel zu erheben.*

Foto: Uta Schumann

Initiative hin im Jahre 1892 die erste Verbands-Gebrauchsprüfung (VGP) des »Vereins für Prüfungen von Gebrauchshunden für die Jagd« stattfand. Der Verein war 1891 in Berlin von einer Gruppe von Jägern gegründet worden. Er erarbeitete die Prüfungsordnung für die Verbandsprüfung, die zum Teil heute noch Bestand hat (die Anforderungen in den Grundfächern sind die gleichen geblieben).

Leistung plus Formwert sind die Voraussetzungen, um mit einem Rüden decken und mit einer Hündin züchten zu können. Diese Begriffe bedeuten alles in der Jagdhunde-Rassezucht. Nach dieser Devise arbeitet auch der Verband für Kleine Münsterländer Vorstehhunde e.V.

DAS PRÜFUNGSWESEN IM ALLGEMEINEN UND DIE EINZELNEN PRÜFUNGEN

Gerichtet wird nach den Prüfungsordnungen des jeweiligen Landes, die im Großen und Ganzen identisch sind und gegenseitig anerkannt wurden. Für Deutschland ist der Jagdgebrauchshundeverband e.V. (JGHV) zuständig. Er besteht seit 1899 und ist die Dachorganisation aller Vereine, die sich mit Zucht und Ausbildung von Jagdhunden befassen. Die Prüfungsordnung dieses Verbandes ist auch für den Verband für Kleine Münsterländer Vorstehhunde e.V. bindend.

DIE PRÜFUNGEN IM EINZELNEN
Verbands-Jugendprüfung (VJP)
Verbands-Herbstzuchtprüfung (HZP)
Verbands-Gebrauchsprüfung (VGP)
Verbands-Schweißprüfung (VSwPO)

DIE VERBANDS-JUGENDPRÜFUNG (VJP)
Auf der VJP werden folgende Fächer geprüft:
- *Spurarbeit*
- *Nase*
- *Suche*
- *Vorstehen*
- *Führigkeit*

Dabei sollen festgestellt werden: Die Art des Jagens, ob der Hund zum Beispiel sichtlaut oder spurlaut ist. Ob unser Kleiner Münsterländer schussfest, leicht schussempfindlich, oder sogar schussscheu ist. Seine Verhaltensweise, wie Ängstlichkeit, Handscheue, Scheue bei lebendem Wild oder ängstliche Haltung gegenüber fremden Personen. Weiterhin soll festgestellt werden ob unser Prüfling körperliche Mängel aufweist, wie etwa Gebissfehler, beim Rüden Hodenfehler oder andere körperliche

Mängel. Die Spurarbeit wird auf der Spur des dem Hund nicht oder nicht mehr sichtbaren Hasen geprüft. Die Spursicherheit zeigt sich in der Art, wie der Hund

*Verbands-Jugendsuche, Hasensuche.
Foto: Uta Schumann*

die Spur hält und sie als Erfolg seines Bemühens selbstständig und sicher vorwärts bringt.

Die feine Nase zeigt sich bei der Suche und

*Nach der Verbands-Jugendprüfung - Bekanntgabe der Ergebnisse.
Foto: Uta Schumann*

vor allem im häufigen Finden von Wild, weiterhin durch Anzeigen von Wild und durch kurzes Markieren von Witterungsstellen.

Die Art zum Vorstehen zeigt sich darin, dass unser Kleiner Münsterländer gefundenem Wild vorsteht oder vorliegt. Ein sicheres Durchstehen wird bei der Jugendprüfung noch nicht verlangt.

Auch die Führigkeit wird geprüft. Sie zeigt sich im Bestreben des Hundes, mit seinem Hundeführer Verbindung zu halten.

Feststellung der Schussfestigkeit: Zur Prüfung der Schussfestigkeit müssen, während der Hund sucht, in einem Abstand von 30 bis 50 Metern mindestens zwei Schüsse mit einem Zeitabstand von wenigstens 20 Sekunden abgegeben werden. An dieser Stelle ein Hinweis: Wenn sich der Hundeführer nicht sicher ist, ob sein Hund nicht doch reagiert, dann sollte er nicht unbedingt über den Kopf des Prüflings schießen, sondern in die entgegengesetzte Richtung oder seitwärts.

VERBANDS-HERBSTZUCHTPRÜFUNG (HZP)

Auf der Herbstzuchtprüfung werden folgende Fächer geprüft:

- *Spurarbeit:* Bei der HZP gilt die Hasenspur als Pflichtfach. Die Spurarbeit wird auf der Spur des dem Hund nicht mehr sichtbaren Hasen geprüft. Der Spurwille zeigt sich darin, wie der Kleine Münsterländer sich auf die Arbeit einstellt. Die Nase wird wie bei der VJP bewertet. Bei der Suche ist der Hauptwert auf den Willen zum Finden zu legen. Sehr viel Wert wird auf die jagdliche Ausdauer gelegt. Beim Vorstehen soll der Prüfling vorstehen oder vorliegen. Das sehr gute Vorstehen zeigt sich unter anderem darin, dass der Kleine Münsterländer gefundenem, festliegendem Wild so lange vorsteht oder vorliegt, bis sein Führer herangekommen ist oder bis das Wild abstreicht oder aufsteht. Prüflinge, bei denen »Blinken« (Nichtbeachtung des Wildes) festgestellt wird, können die Prüfung nicht bestehen. Die Führigkeit wird wie bei der VJP bewertet.
- *Wasserarbeit:* Beim Stöbern im Schilf hinter der Ente darf der Hund das Aussetzen der Ente nicht eräugen. Sobald die Ente in der Deckung für unseren Prüfling nicht mehr sichtbar ist, wird er zu dem mit ein paar Federn markierten »Anschuss« angesetzt und zum Stöbern auf der frischen Witterung veranlasst. Für die Stöberarbeit erhält der Hund zehn Minuten Zeit. Der Hund muss die geschossene Ente finden und seinem Führer zutragen.
- *Verlorensuche von Federwild:* Der Kleine Münsterländer muss ein möglichst frisch geschossenes Stück Federwild bringen, entweder bei der Arbeit am geflügelten Fasan oder beim Verlorensuchen eines frisch geschossenen Fasans.

Bei der Schleppenarbeit wird ein williges und selbstständiges Finden sowie ein schnelles Aufnehmen und ein freudiges Bringen des Stückes ohne jegliche Beeinflussung durch den Hundeführer gefordert.

DAS PRÜFUNGSWESEN

Bei der Haarwildschleppe, die mit einem Hasen oder einem Kaninchen gelegt wird, werden die Art des Bringens, wie der Hund aufnimmt, wie er das Wild trägt und die korrekte Abgabe an den Hundeführer bewertet.

Anschneider und Totengräber (Hunde, die das Wild vergraben), sowie hochgradige Knautscher und Rupfer können die Prüfung nicht bestehen.

Vor der Herbst-Zuchtprüfung. Foto: Heiner Kirsche

Der Gehorsam ohne Wildberührung zeigt sich in der Lenkbarkeit des Kleinen Münsterländers bei der Arbeit und darin, dass der Hund den Befehlen seines Führers, sei es durch den Ruf, Pfiff oder Wink, sofort willig folgt. Gehorsam bei Wildberührung wird bei der HZP nicht verlangt.

Bei der Beurteilung der Arbeitsfreude kommt es auf die durch Charakter und Anlage bedingte Arbeitslust und auf den Arbeitswillen an, den der Kleine Münsterländer in allen Fächern zeigt.

Der verlangte Laut (Bellen) kann nur am Fuchs oder Hasen erbracht werden. Feststellung der Schussfestigkeit wie bei der VJP.

Freiheit nach einer erfolgreich abgeschlossenen Prüfung. Foto: Werner Landwehr

DIE VERBANDS-GEBRAUCHSPRÜFUNG (VGP)

Erfolgreiches Bringen und tadelloses Sitzen. Foto: Uta Schumann

Die VGP ist eine Leistungsprüfung und die Königin aller Prüfungen. Auf der VGP, die als Meisterprüfung bezeichnet wird, soll ausschließlich die Ermittlung und die Feststellung der abgeschlossenen Ausbildung, wie sie für den praktischen Jagdbetrieb notwendig ist, erfolgen. Im Gegensatz zu den Anlageprüfungen VJP und HZP ist auf der Verbandsgebrauchsprüfung die Leistung der Hunde in den einzelnen Fächern zu prüfen.

Die VGP setzt sich aus fünf Fachgruppen zusammen:

1. Waldarbeit: Riemenarbeit, zusätzlich Totverbellen und Totverweisen, Fuchsschleppe, Hasen- oder Kaninchenschleppe, Stöbern und Buschieren.
2. Wasserarbeit: Stöbern im Schilf ohne Ente, Stöbern im Schilf hinter Ente, Verlorensuche aus tiefem Schilfwasser.
3. Feldarbeit: Nase, Suche, Vorstehen, Manieren am Wild einschließlich Nachziehen, Arbeit und Bringen am geflügelten Fasan.
4. Gehorsam: Im Wald, bei der Wasserarbeit, im Feld, Verhalten auf dem Stand. Folgen frei bei Fuß, Ablegen und Leinenführigkeit, Schussruhe und Benehmen vor Wild.
5. Bringen: Bringen von Fuchs, Hase oder Kaninchen und von Federwild.

Die Vielzahl der einzelnen Arbeiten, die bei einer VGP zu bewältigen sind, mögen den einen oder anderen jungen Hundeführer von dem Vorhaben abbringen, die Verbands-Gebrauchsprüfung in Angriff zum nehmen, wenn er aber gemeinsam mit seinem Kleinen Münsterländer nach zwei harten Prüfungstagen diese Prüfung bestanden hat, dann hat er eine besondere Leistung vollbracht, auf die er stolz sein kann. Egal, welche Platzierung er gemeinsam mit seinem Hund erreicht! Nachfolgend werden die einzelnen Fächer etwas ausführlicher beschrieben, damit sich beide, Hundeführer und Hund, gründlich darauf vorbereiten können.

Gefragt ist die Zusammenarbeit mit dem Hundeführer und die Arbeitsfreude. Unter die Fachgruppe Waldarbeit fällt die Schweißarbeit auf Schalenwild als Riemenarbeit, gegebenenfalls mit anschließendem Verbellen oder Verweisen, die Fuchs-, Hasen- oder Kaninchenschleppe, das Stöbern und Buschieren.

Die Haarwildschleppen gehören zur Waldarbeit. Ein Hund, der ein gegriffenes, frisch geschossenes oder auf der Schleppe gefundenes Stück Nutzwild beim erstmaligen Finden nicht selbstständig bringt, scheidet aus der Prüfung aus.

Für die Stöberarbeit werden Gehölze oder Schonungen ausgewählt, die gut mit Niederwild besetzt sind. Der Hund muss das ihm zugewiesene Gelände gründlich durchstöbern. Ungehorsame Hetzer, die sich erst nach längerer Zeit wieder blicken lassen, genügen nicht den Ansprüchen, die an einen firmen Jagdhund gestellt werden. Sie werden von der Wetterprüfung ausgeschlossen.

Das Buschieren wird in einem übersichtlichen Stangenholz, auf niedrigen Kulturen oder kurz bewachsenen Schlägen geprüft. Der Hundeführer muss beim Buschieren, falls kein Wild geschossen wird, auf Anweisung der Richter einen oder mehrere Schrotschüsse abgeben. Der Kleine Münsterländer soll unter der Flinte suchen und sich leicht, ohne viele und laute Kommandos von seinem Führer dirigieren lassen.

Bei der Wasserarbeit beziehungsweise beim Stöbern im Schilf ohne Ente soll der Hund auf bloßen Befehl seines Führers und ohne weitere Anregung, zum Beispiel durch einen Schuss oder einen Steinwurf, ins Wasser gehen und dort im Schilf stöbern.

Beim Stöbern hinter der Ente im Schilf wird der Kleine Münsterländer, sobald die Ente nicht mehr zu sehen ist, am »Anschuss«, der mit ein paar Federn gekennzeichnet ist, angesetzt und zum Stöbern auf frischer Witterung angehalten.

Beim Bringen aus tiefem Schilfwasser soll die Ente vor dem Hund geschossen werden. Die Ente muss vom Hund gebracht und dem Hundeführer korrekt abgegeben werden.

Bei der Feldarbeit soll jedem Hund Gelegenheit gegeben werden, mehrfach an Federwild zu arbeiten, damit sich die Richter ein zutreffendes Urteil über die Leistungen des Hundes, besonders über seine Nase, bilden können.

Bei der Beurteilung der Suche kommt es in erster Linie auf den Finderwillen, und auf die Planmäßigkeit an. Die Suche sollte flott und ausdauernd sein.

Beim Vorstehen ist besonders hoch zu bewerten, wenn der Kleine Münsterländer festliegendes Wild gefunden hat und so lange vorsteht oder vorliegt, bis sein Führer in ruhiger Gangart herangekommen und neben ihm ist und vor allen Dingen ohne Eile zum Schuss kommen kann.

Neben dem Vorstehen sind das Nachziehen und die guten Manieren am Wild ein wertvoller Bestandteil der Feldarbeit.

Die Arbeit am geflügelten Huhn wird hoch gewertet, wenn der Kleine Münsterländer das Geläuf eines Fasans oder Huhns ausarbeitet, das Wild findet und seinem Führer bringt.

Bei den Gehorsamsfächern ist folgendes zu beachten: Der Gehorsam im Wald bezieht sich auf das Benehmen des Kleinen Münsterländers bei der Schweißarbeit, auf den Haarwildschleppen, beim Stöbern und beim Buschieren.

Wenn das Verhalten auf dem Stand geprüft wird, werden während des Treibens die Führer mit ihren Hunden, entweder angeleint oder frei als Schützen um eine Dickung aufgestellt, während andere Personen die Dickung mit dem üblichen Treiberlärm durchstreifen. Der Kleine Münsterländer muss sich bei dieser Prüfung ruhig verhalten. Er darf nicht Laut geben, winseln, an der Leine zerren oder ohne Befehl vom Führer weichen.

Das Folgen »Frei bei Fuß« wird in der Art geprüft, dass der unangeleinte Hund dicht hinter oder neben dem linken Fuß, folgt. Die Gehorsamsfächer werden wie bei der HZP geprüft.

Beim Benehmen von eräugtem Wild soll der Hund, ohne dass es einer Einwirkung von Seiten seines Führers bedarf, abstreichendem Wild nicht nachprellen.

Hasenhetzer, die sich immer wieder weder durch Zuruf, noch durch Pfiff zurückrufen lassen, wiederholt erst nach einer längeren Zeit von der Hetze zurückkehren, werden von der Prüfung ausgeschlossen.

Beim Bringen ist die Art des Aufnehmens, Tragens und Abgebens von Haarwild (Hase oder Kaninchen), Raubwild (Fuchs) und Federwild (Fasan, Huhn oder Ente) bei der Prüfung auf den Schleppen, des Bringens oder Verlorenbringens während der Prüfung zu bewerten.

Das Bringen von Fuchs über Hindernis wird an Gräben oder Hindernis geprüft. Der Kleine Münsterländer darf das Hindernis nicht durchwaten, überklettern oder umgehen können. Der Hund muss den Fuchs nach einmaligem Springbefehl über das Hindernis bringen.

Feldarbeit anlässlich einer VGP. Foto: Heiner Kirsche

DIE VERBANDS-SCHWEISSPRÜFUNG (VSWPO)

Der Verband für Kleine Münsterländer Vorstehhunde e.V. kann als Sonderprüfung eine Prüfung auf der künstlichen Schweißfährte abhalten. Bei der VSwPO darf die Fährtenlänge nicht unter 1000 Meter betragen. Die Fährte muss im Wald liegen, eingeschlossen vorhandene Kahlschläge, Blößen und Waldwiesen.

Es darf nicht mehr als ein viertel Liter Schweiß pro Fährte verwendet werden und die Fährten müssen mindestens 20 Stunden gestanden haben. Das Mindestalter für den Hund am Prüfungstag wurde auf 24 Monate festgesetzt.

Zu führen ist der Kleine Münsterländer bei der Arbeit an einem mindestens sechs Meter langen Schweißriemen und Schweißhalsung, die nicht auf Zug arbeiten darf.

Es bleibt dem Verband für Kleine Münsterländer Vorstehhunde e.V. überlassen, die Prüfung dergestalt zu erweitern, dass in einer besonderen Gruppe auch Fährten geprüft werden, die 44 Stunden lang gestanden haben. Zu dieser Sonderprüfung sind nur Kleine Münsterländer zugelassen, die auf einer normalen Verbands-Schweißprüfung auf der übernächtigen Fährte erfolgreich waren.

Wenn ein Kleiner Münsterländer zusammen mit seinem Führer die vorgenannten Prüfungen bestanden hat, wurde einiges erreicht! Mit dem Erfolg auf Prüfungen hat der Besitzer dieses Hundes einen Gehilfen an der Hand, der in punkto Gehorsam vieles gelernt hat. Vieles ist für das tägliche Zusammenleben von großem Nutzen, das alles ersetzt aber nicht die praktische Arbeit im Jagdbetrieb.

Kapitel 9

DIE KORREKTUR VERDORBENER HUNDE

»Die Prügel gebühren dem Jäger, nicht dem verdorbenen Hunde!«
Allgemeine Grundsätze: *»Wenn ein Hund einen der Fehler zeigt, welche in diesem Abschnitte behandelt sind, so ist die Ursache in hundert Fällen neunzigmal in ungenügender Dressur und schlechter Führung zu suchen.«*
Oberländer, K., Johanni, 1894

DER ANSCHNEIDER UND DER TOTENGRÄBER

Als Anschneider bezeichnet man den Hund, der gefundenes Wild ohne langes Zögern sofort anfrisst. Als Totengräber werden die bezeichnet, die, sobald sie Wild gefunden haben, sofort mit dem Eingraben beginnen.

Mit Recht zählen das Anschneiden und die Totengräberei zu den übelsten Eigenschaften, die ein Hund haben kann. Diese Sorte Hund ist für die Jagd vollkommen unbrauchbar. Den geborenen Anschneider gibt es nicht. Ein Hund wird erst durch Übung zu diesem Übeltäter. Ob diese schlechte Eigenschaft auszumerzen ist, vermag nur der zu entscheiden, der die Ursachen kennt. Eine der Gründe mag beim Anschneider der sein, dass er nicht ordentlich gefüttert wurde. Die wilden Caniden sind bekanntlich Selbstversorger, die alles fressen, was sie erwischen können. Bei einem hungrigen Hund schlagen hier offensichtlich die Triebe seiner Urahnen durch. Grundsätzlich sollte man einem Kleinen Münsterländer dazu bringen, nur das zu fressen, was zu seiner täglichen Nahrung gehört.

»Genossen machen« heißt in der Jägersprache, dem Hund sein Fressen zu reichen, und man sollte ihm immer wieder zu verstehen geben, dass er nur das annehmen darf, was ihm von seinem Hundeführer oder der entsprechenden Person gereicht wird. Sollte der Hund trotzdem wieder zum Anschneiden neigen, dann kann es manchmal nicht ohne eine Strafe abgehen.

DIE KORREKTUR VERDORBENER HUNDE

Mit dem so genannten »Totengräber« ist es eine andere Sache. Diese Eigenschaft ist, im Gegensatz zum Anschneiden, oft erblich bedingt. In vielen Fällen ist der Übeltäter durch nichts dazu zu bringen, das einmal vergrabene Stück oder die entsprechende Stelle zu zeigen. Es ist ratsam, dort zu suchen, wo der Hund im Beisein seines Führers nicht suchen will, denn dort ist das Wild im Allgemeinen zu finden.

Manche Hunde sind Meister ihres Faches! Sie graben das Stück Wild erstaunlich schnell und sorgfältig ein, wenn sie sich nur ein paar Minuten unbeobachtet fühlen.

Dem Hund kann man das Vergraben abgewöhnen, indem man ein Stück Fleisch an eine Schnur bindet. Dieses Stück Fleisch wird dem Übeltäter zum Eingraben überlassen. Es ist durch die ausgelegte Schnur nicht schwer wiederzufinden. Dieses Stück Fleisch wird dann, im Beisein des Hundes, wieder ausgegraben und der Hund gezwungen, dieses Stück zu apportieren und zu bringen. Es kostet allerdings einige Mühe und das Ganze geht oft nicht ohne Strafe ab. Diese Prozedur muss man für längere Zeit immer wieder durchziehen. Bestraft soll er in diesem Fall nicht vom Hundeführer werden, sondern von einer fremden Person. Der Hundeführer muss in so einem Fall in der Nähe stehen und sofort tröstend auf den Hund einreden. Eines Tages wird der Übeltäter von dieser schlechten Eigenschaft geheilt sein.

Foto: Uta Schumann

Kapitel 10

AUSSTELLUNGEN UND ZUCHTSCHAUEN

Hundeschauen sind eine englische Erfindung - von lokalen Vergleichswettbewerben einmal abgesehen, fand die erste größere, bedeutende 1891 dort statt. Die Idee dazu hatte ein gewisser Charles Cruft, nach dem heute noch die größte Hundeausstellung der Welt - die »Crufts« - benannt ist. Sie findet jedes Frühjahr in Birmingham statt und zählt mittlerweile über 20.000 gemeldete Hunde. In Deutschland eiferten bereits im Jahr 1863 einige Züchter in Hamburg den Engländern nach und organisierten eine mehrtägige Ausstellung. 1876 gab es bereits vier Ausstellungen in Deutschland, die jeweils sieben Tage lang dauerten.

Nach dem Zusammenschluss von mehreren Rassezuchtvereinen im Jahre 1906 kam endlich etwas Ordnung in die Ausstellungen und gleichzeitig wurde der wilden Züchterei eine Ende gesetzt. Die ersten Ausstellungsrichtlinien wurden ausgearbeitet und erstmals musste sich ein Hundebesitzer, der ausstellen wollte, anmelden. Es wurden Kataloge erstellt und es durfte kein Hund gerichtet werden, der nicht im Katalog aufgeführt war.

Foto: Andrea Freiin von Buddenbrock.

Heute können Münsterländerfreunde, wenn sie wollen, das ganze Jahr über Ausstellungen besuchen. Fast das ganze Jahr über finden im ganzen Land verteilt Ausstellungen statt, die sich in verschiedene Kategorien einordnen lassen:

1. Die Spezialzuchtschauen einzelner Rassehundevereine, wie eben z.B. des Verbandes für Kleine Münsterländer Vorstehhunde e.V.

Diese Veranstaltungen werden vom Dachverband für das Deutsche Hundewesen (VDH) genehmigt und genießen dessen Terminschutz.

2. Die allgemeinen Rassenhund-Zuchtschauen. Dies sind nationale Ausstellungen, die meistens von des Landesverbänden des VDH ausgerichtet werden. Hier werden Rassehunde aller Kategorien und Rassen ausgestellt und bewertet.

3. Die internationalen Rassehunde-Zuchtschauen (CACIB), meist vom VDH unmittelbar organisiert.

Bewertet wird auf den Ausstellungen von den Richtern, inwieweit der Hund dem vorgegebenen und festgeschriebenen »Rassestandard« entspricht, dem schriftlich festgelegten Idealbild seiner Rasse. Hier wird also nicht Leistung geprüft, sondern lediglich das Äußere das Hundes und sein Wesen (Charakter).

Die Ausstellungen der oben genannten Kategorien zwei und drei haben rein zahlenmäßig für Kleine Münsterländer eine eher untergeordnete Bedeutung. Die meisten Züchter und Besitzer von Kleinen Münsterländern halten sich ausschließlich an die Zuchtschauen des Verbandes für kleine Münsterländer Vorstehhunde e.V., aus der deshalb im Folgenden einige Auszüge gebracht werden sollen:

ZUCHTSCHAUORDNUNG (ZSCHO-KLM) DES VERBANDES FÜR KLEINE MÜNSTERLÄNDER VORSTEHHUNDE E.V. (AUSZÜGE)

§ 1 Begriffsbestimmungen

Zuchtschauen sind öffentliche Veranstaltungen und dienen der Bewertung von »Kleinen Münsterländer Vorstehhunden« im Eigentum in- oder ausländischer natürlicher Personen. Auf ihnen wird nach der jeweils gültigen Zuchtordnung und ihren Anhängen, der Form- und Haarwert der Hunde festgestellt.

§ 4 Zulassung von Hunden

Zugelassen sind nur Kleine Münsterländer Vorstehhunde, die im Zuchtbuch des KLM-Verbandes für Kleine Münsterländer Vorstehhunde e.V. oder in einem vom KLM-Verband anerkannten Zuchtbuches des Auslandes eingetragen sind. Sie müssen das vorgeschriebene Mindestalter ihrer Klasse am Tage vor der Zuchtschau vollendet haben.

Hündinnen, die sichtlich trächtig oder in der Säugeperiode sind, werden nicht bewertet. Läufige Hündinnen sind der Zuchtschauleitung unverzüglich zu melden; ihre

KLEINER MÜNSTERLÄNDER HEUTE

Foto: Pete A. Eising

Vorstellung und Bewertung erfolgt nach jeweiliger Anleitung der Zuchtschauleitung.

Hunde dürfen in der Offenen- und Gebrauchshundklasse höchstens zweimal vorgestellt werden. Für die Zuchtzulassung zählt die bessere Bewertung. (Gilt nicht für die Bundeszuchtschauen). Die Feststellung eines Wesensmangels ist grundsätzlich unabänderlich.

Alle in das Zuchtschaugelände eingebrachten Hunde müssen entsprechend den gesetzlichen Bestimmungen geimpft sein. (Gilt nicht für Welpenvorführungen - sie müssen jedoch entwurmt sein).

§ 6 Klasseneinteilung

Abweichend von der Klasseneinteilung der F.C.I. gibt es folgende Klassen:

Jugendklasse   9 bis 18 Monate

Offene Klasse   18 Monate und älter ohne bestandene HZP oder VGP

Gebrauchshundklasse 18 Monate und älter mit bestandener HZP oder VGP

Die Einteilung in die Gebrauchshundklasse kann nur erfolgen, wenn am Tage der Zuchtschau der Nachweis über eine bestandene HZP oder VGP vorgelegt wird. Fehlt der Nachweis, wird der Hund in die offene Klasse versetzt. Eine Einteilung nach Geschlecht ist innerhalb der Klassen statthaft.

§ 7 Form- und Haarbewertung

Prädikate:

Vorzüglich - V - darf nur einem Hunde zuerkannt werden, der dem Ideal-Standard der Kleinen Münsterländer sehr nahe kommt, alle typischen Rassemerkmale besitzt und sich in einer sehr vitalen Verfassung präsentiert. Er muss körperlich gereift sein und die typischen Merkmale seines Geschlechts besitzen. Seine überlegenen Eigenschaften innerhalb der Rasse werden kleine Unvollkommenheiten vergessen machen.

AUSSTELLUNGEN UND ZUCHTSCHAUEN

Sehr Gut - SG - darf nur einem Hund zuerkannt werden, der die typischen Rassemerkmale besitzt, von ausgeglichenen Proportionen und in sehr guter Verfassung ist. Geringe körperliche Fehler und/oder geringfügige Fehler im Haarkleid können toleriert werden.

Gut -G - darf nur einem Hund zuerkannt werden, der die Hauptmerkmale seiner Rasse besitzt aber dessen Fehler und Abweichungen vom Standard schon ausgeprägt sind.

Genügend - GGD - wird dem Hund zuerkannt, der dem Rassetyp noch entspricht, aber einen oder mehrere stark ausgeprägte Fehler aufweist.

Nicht Genügend - NGGD - erhält ein Hund, der einen zuchtausschließenden Fehler aufweist, der nicht dem durch den Standard vorgeschriebenen Typ entspricht, eindeutig nicht standardgemäßes Verhalten zeigt oder aggressiv ist.

In der Jugendklasse gibt es als höchstes Prädikat »Sehr Gut (SG)« sowohl im Formwert als auch im Haarwert.

Die drei besten Hunde einer Klasse können mit den Platzziffern eins bis drei platziert werden, wenn sie mindestens die Formwertnote »Sehr Gut« erhalten haben.

Volle Konzentration. Foto: Anton Kolb

Auf Zuchtschauen können zur Beurteilung der Wesensfestigkeit dafür entwickelte Prüfverfahren angewendet werden.

§ 8 Feststellung der Schulterhöhe

Vor der Form- und Haarbewertung wird bei den Hunden der Offenen- und Gebrauchshundklasse die Schulterhöhe festgestellt. Die Zuchtschauleitung kann sowohl eine Sonderrichtergruppe, bestehend aus zwei anerkannten Zuchtrichtern B bzw. C, oder die für jede Klasse eingeteilte Zuchtrichtergruppe mit der Feststellung der Schulterhöhe beauftragen. Hunde der Jugendklasse sollten ebenfalls gemessen werden. Das Messergebnis wird nur in den Bewertungsbogen eingetragen.

STANDARD DES KLEINEN MÜNSTERLÄNDER VORSTEHHUNDES
FCI - Standard Nr. 102 / 12. 10. 1998 / D

KLEINER MÜNSTERLÄNDER VORSTEHHUND
URSPRUNG: Deutschland
DATUM DER PUBLIKATION DES GÜLTIGEN
ORIGINAL-STANDARDES: 24. 06. 1987.
VERWENDUNG: Vorstehhund
KLASSIFIKATION FCI: Gruppe 7 Vorstehhunde.
Sektion 1.2 Kontinentale Vorstehhunde
Typ Spaniel
Mit Arbeitsprüfung

ALLGEMEINES ERSCHEINUNGSBILD: Bei viel Adel und Eleganz kräftig.
KOPF: Edel. Der Kopfausdruck gehört zum Typ.
OBERKOPF:
Schädel: Trocken, leicht gewölbt, nicht zu breit.
Stop: Wenig ausgeprägt.
GESICHTSSCHÄDEL:
Nasenschwamm: Braun, helle Flecken auf dem Nasenschwamm sind unerwünscht.
Fang: Kräftig, lang; Nasenrücken gerade.
Lefzen: Kurz, gut aufeinanderliegend.
Augen: Möglichst dunkelbraun. Augenlider fest am Augapfel anliegend und die Bindehaut bedeckend.
Behang: Breit, hoch angesetzt, fest anliegend, nach unten spitz zulaufend, nicht zu weit über den Lefzenrand hinausragend.
HALS: Mittellang. Nacken muskulös und leicht geschwungen.
KÖRPER:
Rücken: Fest, mittellang.
Lenden: Breit, fest.
Brust: Tief und geräumig.
Untere Profillinie und Bauch: Wenig aufgezogen.

RUTE: Mittellang, mit langer Fahne, gerade getragen. Im letzten Drittel darf sie leicht nach oben gekrümmt sein.
GLIEDMASSEN
VORDERHAND: Vorderläufe gerade, befedert.
HINTERHAND: Hinterläufe gut gewinkelt, behost.
PFOTEN: Rund, gewölbt; Zehen eng aneinanderliegend. Zu viel Behaarung ist unerwünscht.
HAUT: Straff anliegend.
HAARKLEID
HAAR: Schlicht, dicht, mittellang und wenig gewellt; fest anliegend.
FARBE: Braun-weiß, Braunschimmel; lohfarbene Abzeichen an Fang und Auge gestattet (Jungklaus'sche Abzeichen).
GRÖSSE:
Widerristhöhe: Rüden: 52 - 56 cm.
Hündinnen: 50 - 54 cm.

Foto: Lena Almqvist Gillstedt

Zulässige Größenabweichung +/- 2 cm (Messtoleranz).
FEHLER: Jede Abweichung von den vorgenannten Punkten muss als Fehler angesehen werden, dessen Bewertung in genauem Verhältnis zum Grad der Abweichung stehen sollte.
· Entropium, Ektropium; Vogelauge.
· Behang kurzhaarig und glatt.
· Tonnenförmige Brust.
N.B.: Rüden müssen zwei offensichtlich normal entwickelte Hoden aufweisen.

Damit ein Kleiner Münsterländer die Zuchtzulassung vom Verband für Kleine Münsterländer Vorstehhunde erhält, müssen sowohl die Beurteilungen von Anlage-/Leistungsprüfungen als auch die von Zuchtschauen vorliegen. Aufgrund der Beurteilung des Form- und Haarwertes allein kann folglich keine Zuchtzulassung ausgesprochen werden, wie das bei vielen anderen Rassen der Fall ist.

ZUCHTORDNUNG DES VERBANDES FÜR KLEINE MÜNSTERLÄNDER VORSTEHHUNDE E.V.

Mitglied im Jagdgebrauchshundeverband (JGHV), im Verband für das Deutsche Hundewesen (VDH) und in der Fédération Cynologique Internationale (F. C. I.).
Zuchtgrundsätze:

Das Ziel in der Zucht des »Kleinen Münsterländer Vorstehhundes« auch KlM genannt, besteht darin, dem Jäger einen Jagdhund zur Verfügung zustellen, der aufgrund seiner ererbten Führigkeit und seiner jagdlichen Anlagen den Erfordernissen der Jagdpraxis voll entspricht.

Als züchterisch wertvoll sind solche Hunde zu bezeichnen, die als angewölfte Eigenschaften Intelligenz, Führigkeit, gutes Gedächtnis, Spurwillen, Spurlaut, Vorstehanlagen, Bringfreude, Wasserpassion, Wild- und Raubzeugschärfe, verbunden mit Wesensfestigkeit, aufweisen. Körperlich müssen sie die für die Entfaltung dieser Eigenschaften erforderliche Größe und Substanz besitzen.

Als Züchter ist derjenige anzusehen, der gewillt ist, diese Eigenschaften und Leistungen in seiner Zucht zu fördern und zu erhalten. Er soll die von ihm gezüchteten Hunde an Jäger abgeben und auf die Käufer einwirken, dass sie diese auf den Zuchtprüfungen und möglichst auf der Verbandgebrauchsprüfung (VGP) führen.

Kapitel 11

DER ZÜCHTER UND DIE ZUCHT

Es kommt der Zeitpunkt, an dem der Besitzer einer Münsterländer-Hündin mit dem Gedanken spielt, vielleicht selbst zu züchten. Erst recht, wenn er eine Hündin im Hause hat, die alle Kriterien gemäß Zuchtbestimmungen des Verbandes für Kleine Münsterländer Vorstehhunde e.V. erfüllt.

Viele verfallen in den Fehler, im Züchten nur den biologischen Vorgang des Deckaktes zu sehen. Bevor überhaupt mit dem Züchten begonnen wird, muss alles Wissenswerte hierüber gesammelt werden, und dazu gehört vor allem, dass sich der Anfänger mit der Genetik, den Gesetzmäßigkeiten der Vererbung auseinandersetzt. Hierzu gibt es gute Fachbücher, die man sich in Ruhe zu Gemüte ziehen sollte.

Von Vorteil ist auch, wenn sich der angehende Züchter mit erfahrenen Züchtern in Verbindung setzt. Wenn von erfahrenen Züchtern die Rede ist, dann meine ich nicht die Massenproduzenten. Auch hier stehen der Verbandszuchtwart und seine Leute dem Unerfahrenen mit Rat und Tat zur Seite.

Der Drang zur Milchquelle. Foto: Pete A. Eising

Der Zwingername muss ausgesucht werden und dem Verband für Kleine Münsterländer Vorstehhunde e.V. zur Eintragung gemeldet werden. Dort wird der Name geschützt, vorausgesetzt, dass er nicht bereits für einen anderen Züchter geschützt ist.

Ein Züchter muss bei der Paarung auf jeden Fall beiden Elterntieren Beachtung schenken. Ein Rüde kann mit einer »passenden« Hündin sehr gute Nachkommen

»liefern«, mit einer anderen wieder nicht. Das ist aus den Gesetzen der Genetik, die man wie bereits erwähnt kennen sollte, leicht zu erklären. Dazu kommt, dass man auch möglichst viele Vorfahrengenerationen von Rüde und Hündin kennen sollte, um das Ergebnis möglichst gut vorhersagen zu können.

Eine prächtige Spielwiese. Foto: Herbert Fiebak

Eine erwiesenermaßen positive Paarung sollte auf jeden Fall wiederholt werden. Ziel eines jeden Züchters muss es sein, die Leistungen und Eigenschaften der Rasse der Kleinen Münsterländer zu festigen, wenn möglich zu steigern.

Es vergehen viele Monate nach dem Wurf, bis ein Zuchterfolg in Form und Leistung einigermaßen festgestellt werden kann, meistens dauert es noch viel länger. Diejenigen Züchter, die große Erfolge aufzuweisen haben, sind dünn gesät. Wenn einer es geschafft hatte, Erfolg zu haben, ist er ein gesuchter Mann.

DIE BEGRIFFE DES ZÜCHTENS
Was ist Fremdzucht?
Unter »Fremdzucht« versteht man die Paarung von Tieren derselben Rasse, die nicht miteinander verwandt sind. Auch auf die Blutführung wird keine Rücksicht genommen.

Was ist Inzucht?
Ein Ahne muss mindestens je einmal auf Vater- oder Mutterseite vertreten sein und zwar auf engster Blutsverwandtschaft, beschränkt auf die ersten fünf Generationen. Die Ergebnisse der Inzucht müssen als unter dem Durchschnitt bezeichnet werden.

Über das Für und Wider der Inzucht wird bis zum heutigen Tage diskutiert. Sie wird deshalb gefürchtet, weil sie unerwünschte versteckte Eigenschaften zum Vorschein bringt. Außerdem ist eine gewisse physiologische Müdigkeit der Tiere als Folge einer zu engen Verwandtschaftszucht zu fürchten, die so genannte »Inzuchtdepression«. Experten sind der Meinung, dass Inzucht nur zu befürworten ist, wenn einwandfreie Ahnen vorhanden sind. In diesem Fall ist es mit ihrer Hilfe möglich, gewünschte Eigenschaften in kurzer Zeit stark in den Tieren zu verfestigen. Viele Züchter haben die Versuche unternommen, ihren Zwinger mit Inzucht aufzubauen. Nicht jeder war aber zufrieden mit dem Ergebnis und hat dann doch auf Fremdzucht zurückgegriffen. Abschließend kann festgestellt werden, dass in der Inzucht keine sichere Methode für züchterische Erfolge gesehen werden kann und dass sie wirklich nur erfahrenen Züchtern vorbehalten bleiben sollte. Dem Anfänger in der Zucht ist von ihr abzuraten.

Was ist Inzestzucht?

Von »Inzestzucht« spricht man bei Paarungen zwischen Elterntieren und Kindern, Enkeln und Großeltern, oder zwischen Verwandten ersten und zweiten Grades in gerader oder Seitenlinie oder zwischen Geschwistern. Bei der Inzestzucht ist sehr viel Glück dabei, wenn es etwas werden sollte. Sie sollte nur erfahrenen Züchter vorbehalten bleiben, die ihre Elterntiere über viele Generationen kennen.

Was ist Familienzucht?

Sie ist eine Mischung zwischen Inzucht und Fremdzucht. Es muss Blutanschluss, zurückliegend von der fünften bis zehnten Ahnenreihe, gesucht werden. Diese Zuchtart ist dem Anfänger zu empfehlen, denn wenn der Blutanschluss richtig war, dann ist das bereits an einem ausgeglichenen Wurf zu sehen, damit ist auch der erste Erfolg »sichtbar«.

DER NICHT GEWOLLTE DECKAKT

Die ganze Familie hat aufgepasst, dass die heißgeliebte Münsterländerhündin nicht herauskommt, wenn sie läufig ist und trotzdem ist es eines Tages passiert. In den meisten Fällen war es dann noch eine fürchterliche Promenadenmischung von einem Rüden, der dieses »Verbrechen« begangen hat, denn die sind immer die Schnellsten. Es ist also passiert, was tun? Es wäre die natürlichste Sache der Welt, die Hündin austragen zu lassen, die Welpen nach der Geburt heranzuziehen und im richtigen Alter an wirkliche Tierliebhaber, die keinen Rassehund brauchen, zu verschenken. Sonst gibt es nur den Weg zum Tierarzt, der mit einer Spritze die Trächtigkeit unterbricht. Die Injektion ist für die Hündin ungefährlich und sie bringt auch keine Nachteile für spätere Würfe. Der Tierarzt muss allerdings sofort aufgesucht werden, denn nach einem Zeitraum von zehn Tagen und länger kann dieser nicht mehr für einen Erfolg garantieren.

VERMINDERTE FRUCHTBARKEIT

Die Wurfstärke, also die Zahl der Welpen, kann man nicht voraussagen. Auch die Fruchtbarkeit steht in keinem Zusammenhang mit der Wurfstärke. Die Zahl der erzeugten und befruchteten Eier ist nicht gleich die Zahl der lebenden Welpen bei der Geburt. Es muss damit gerechnet werden, dass eine gewisse Anzahl befruchteter Eier im Mutterleib der Hündin absterben werden. Bei einer älteren Hündin lässt die Wurfstärke nach. Eine geringere Fruchtbarkeit kann auch auf eine Hormonstörung zurückzuführen sein. Genauso können äußere Einflüsse, wie zum Beispiel eine Verletzung, eine nicht artgerechte Haltung oder Fütterung die Ursache sein.

Bei unserer Münsterländerhündin liegt die Wurfstärke in der Regel bei vier bis sieben Welpen, es können aber auch weniger oder mehr sein.

DIE SCHEINTRÄCHTIGKEIT

Bei einer Scheinträchtigkeit beginnt die Hündin etwa sechs bis acht Wochen nach der Hitze mit der Milchproduktion, obwohl sie gar nicht tragend ist. Das Gesäuge schwillt an und die Hündin beginnt Nestbauverhalten zu zeigen, sie scharrt sich Lagerplätze zurecht oder kümmert sich übertrieben fürsorglich um irgendwelche Spielzeuge.

Ist das Gesäuge nur wenig angeschwollen, dann muss sich der Hundebesitzer nicht so viele Gedanken machen. Ausgiebige Bewegung und Ablenkung verhindern meistens eine starke Milchbildung. Bei anderen Hündinnen ist die Milchbildung sehr stark. Wenn das der Fall ist, sollte man von einer Selbstbehandlung absehen. Der Tierarzt kann da besser helfen, da es zu Entzündungen, Milchstau oder Verhärtungen kommen kann.

Bei manchen Hündinnen führt eine Scheinschwangerschaft zu einer lebensgefährlichen Entzündung der Gebärmutter, der so genannten Pyometra. Sie ist an schlechtem Allgemeinbefinden der Hündin, Fieber, starkem Durst und blutigem oder eitrigem Ausfluss aus der Schnalle (Scheide) zu erkennen; der Ausfluss muss aber nicht immer vorhanden sein. Bei Verdacht auf Pyometra müssen Sie unbedingt schnell zum Tierarzt gehen, denn sie kann für die Hündin tödlich sein.

Hündinnen, bei denen das Problem häufiger auftritt, sollten nicht zur Zucht eingesetzt werden, weil die zugrunde liegende Störung erblich bedingt zu sein scheint. Der früher oft erteile Rat, die Hündin zur »Kur« einmal decken zu lassen, ist deshalb falsch! Auch nach der Geburt der Welpen werden die Scheinschwangerschaften wieder auftreten und auch die weiblichen Nachkommen werden mit hoher Wahrscheinlichkeit darunter leiden. Lassen Sie sich also vom Tierarzt beraten, was am besten zu tun ist. In schwereren Fällen hilft auf Dauer nur eine Kastration der Hündin.

Gegen die Milchbildung in der Scheinträchtigkeit können auch kühle Umschläge helfen, die sich aus einem Esslöffel Essig und einem halben Liter Wasser zusammensetzen.

URSACHEN FÜR STERILITÄT

Eine Sterilität kann viele Ursachen haben. Als Erstes ist eine krankhafte Veränderung der Geschlechtsorgane bei unserer Münsterländerhündin zu nennen.

Eine erhebliche Rolle spielen auch psychische Momente, wenn eine Hündin bei der Ausbildung oder auch bei der Jagd zu hart hergenommen wurde.

Mangelhafte Hormonproduktion kann ebenfalls die Ursache sein. In all diesen Fragen kann der Laie sehr wenig ausrichten. Der Tierarzt weiß da besser Bescheid.

PAARUNGSZEIT UND DECKAKT

Dass unsere Kleinen Münsterländer, egal ob Rüde oder Hündin, gesund sein müssen, muss beim Züchten selbstverständlich sein, denn nur gesunde Tiere sind die Voraussetzung für eine gute Befruchtung.

Die erste Hitze einer Hündin liegt in der Regel zwischen dem sechsten und achten Lebensmonat. Sie wiederholt sich später etwa alle sechs Monate, Abweichungen können vorkommen.

Unsere Münsterländerhündin sollte erstmals bei der dritten oder gar erst während der vierten Hitze gedeckt werden. Hier soll darauf hingewiesen werden, dass man einen Rüden nicht vor einem Alter von eineinhalb Jahren zum Decken hernehmen sollte.

Mit ihrem veränderten Wesen zeigt uns die Hündin an, dass die Hitze bevorsteht, auch durch das Anschwellen der Schnalle, man nennt diese Periode Vorhitze. Im Allgemeinen kann man die Hündin zwischen dem 10. und 13. Tag dem Rüden zuführen. Der Höhepunkt ist meistens der 11. Tag, selbst eine geringe Anzahl von Spermen bewirkt da eine Befruchtung. Solche Zahlenangaben sind aber sehr mit Vorsicht zu genießen, denn der Zeitpunkt der tatsächlichen Paarungsbereitschaft kann von Hündin zu Hündin sehr variieren!

Der genaue Zeitpunkt kann festgestellt werden, wenn man der Hündin mit der flachen Hand über den Rücken streicht. Wenn sie die Rute seitlich hält, ist sie mit hoher Wahrscheinlichkeit paarungsbereit. Ein weiteres Zeichen für den richtigen Zeitpunkt ist, wenn die während der Hitze ja normal auftretende Blutung aus der Scheide nahezu stoppt und der Ausfluss seine Farbe zu hellrosa bis beinahe farblos ändert. Dazu kommt, dass die zuvor prallen Schamlippen wieder etwas kleiner und weicher werden. Auf die Hündin darf kein Zwang ausgeübt werden, denn wenn sie noch nicht deckbereit ist, wird sie dem Rüden gegenüber rabiat.

Unter den Deckrüden sind verschiedene Typen anzutreffen. Auch eine Hündin »liebt« nicht einen jeden. Von der großen Decklust bis zum vollkommenen Desinteresse kann man alles antreffen. Es ist besser, wenn zum erstmaligen Deckakt eines Rüden eine erfahrene Hündin genommen wird.

Der Zeitraum des so genannten »Hängens«, bei dem Rüde und Hündin im Deckakt für eine Weile fest miteinander verbunden bleiben, ist unterschiedlich Er kann von wenigen Augenblicken bis zu fast einer halben Stunde reichen. Die Hängeperiode muss nicht unbedingt die Voraussetzung einer Befruchtung sein, wie manchmal behauptet wird. Es ist aber immer ratsam, noch einen weiteren Deckakt durchzuführen.

DIE PFLEGE DER TRÄCHTIGEN HÜNDIN
Manche Züchter nehmen an, dass die Münsterländerhündin nach Ablauf der Tragezeit ganz selbstverständlich einen guten Wurf auf die Welt bringt. Dabei ist gerade die

DER ZÜCHTER UND DIE ZUCHT

Pflege der trächtigen Hündin von größter Wichtigkeit und entscheidend für den Zustand des zu erwartenden Wurfes.

Dem täglichen Futter sollten zusätzlich lebensnotwendige Mineralien und Vitamine beigemischt werden. Es kann vorkommen, dass die Hündin ab und zu ihre Nahrung verweigert. Keinen Zwang ausüben, sie weiß selbst am besten, was ihr gut tut und was nicht.

Während der Trächtigkeit sollte die Hündin viel Bewegung haben, ohne überstrapaziert zu werden. Auch das Überspringen von Hindernissen sollte vermieden werden. Tägliches Bürsten ist sehr zu empfehlen, dadurch wird nicht nur das Fell gereinigt, sondern auch der Kreislauf angeregt. Der bei unserer Münsterländerhündin wöchentlich eingelegte Fastentag sollte auf einen halben reduziert werden. Ansonsten ist die Hündin so normal wie immer zu behandeln.

DER TAG DER GEBURT IST GEKOMMEN

Nach 63 Tagen, es kann auch ein, zwei Tage früher, oder genauso später sein, ist der große Tag gekommen. Für den jungen Züchter beginnen aufregende Stunden! Zum Trost kann ihm gesagt werden, dass auch alte Hasen unter den Züchtern immer noch nervös werden. Ungefähr einen Tag vorher zeigt unsere Münsterländerhündin eine gewisse Unruhe, sie beginnt zu hecheln und versucht alles für einen Nestbau zu bekommen. Am Tag des Werfens nimmt sie auch kein Futter mehr zu sich. Der aufmerksame Züchter wird feststellen, dass sich der Leib der Hündin gesenkt hat.

Die normale Körpertemperatur sinkt von 38,2° bis 38,8° auf un-

Einen Tag alte Welpen. Foto: Uta Schumann

gefähr 37°. Das wurde festgestellt, weil der Züchter im After mit einem normalen Fieberthermometer gemessen hat. Der Temperatursturz ist ein sicheres Zeichen, dass die Geburt innerhalb der nächsten 24 Stunden erfolgen wird. Wenn das nicht der Fall ist, dann muss der Tierarzt hinzugezogen werden.

Das alles sind normale Vorgänge, es gibt aber auch Ausnahmen. So kann zum Beispiel eine Hündin ganz normal ihr Futter aufnehmen. Ähnlich verhält es sich mit dem Zeitpunkt des Temperatursturzes. Hier kann man erleben, dass die Hündin bereits eine Stunde, nachdem die Temperatur zurückgegangen war, mit dem Werfen beginnt. Eine andere hat erst am 68. Tag geworfen und das ganz normal. Vorher hatte der Tierarzt bestätigt, dass alles seinen normalen Gang geht.

Das untrüglichste Zeichen, dass die Geburt unmittelbar bevorsteht, ist ein starkes Hecheln der Hündin. Eine normale Geburt wird durch so genannte Presswehen angekündigt. Durch Zusammenziehen des Bauches in unregelmäßigen Abständen wird ein Pressdruck erzeugt. Nach einer gewissen Zeit zeigt sich in der Schnallenöffnung zuerst die Fruchtblase, und in der enthaltenen Flüssigkeit schwimmt sozusagen der Welpe, der zusätzlich in eine zweite Blase, dem so genannten Fruchtsack, eingehüllt ist.

Diese wunderbare Einrichtung der Natur dient auch dem Schutz des Welpen vor irgendwelchen Stößen im Mutterleib während der Trächtigkeitsdauer.

Durch die Presswehen wird also der Fruchtsack aus dem Mutterleib gedrückt und dieser Fruchtsack platzt sofort auf oder er wird von der Hündin aufgebissen.

Die Nachgeburt frisst die Hündin in den meisten Fällen sofort auf. Es gibt aber auch hier Ausnahmen, besonders, wenn es sich um einen starken Wurf handelt. Wenn es der Hündin zu viel wird, dann muss der Züchter für die Beseitigung sorgen.

In der Regel wird die Hündin, nachdem sie den ersten Welpen aus dem Fruchtsack befreit hat, stürmische Muttergefühle entwickeln. Mit großem Eifer putzt und leckt sie ihren Welpen, damit die verschleimten Atemwege frei werden. Bei dieser Arbeit und überhaupt beim ganzen Geburtsablauf muss die Hündin absolute Ruhe haben.

Der Geburtsvorgang wiederholt sich so lange, bis der letzte Welpe auf der Welt ist. Die Welpen kommen im Allgemeinen in einem Abstand von fünfzehn Minuten bis zu einer halben Stunde zur Welt.

Hündinnen, die zum ersten Mal werfen, stellen sich manchmal etwas ungeschickt an. Wenn zum Beispiel die Hündin noch mit dem Putzen eines Welpen beschäftigt ist oder wenn sie von der erfolgten Geburt erschöpft ist, dann vergisst sie schon einmal einen Fruchtsack aufzubeißen. Dann muss der Züchter nachhelfen und den Fruchtsack vorsichtig aufreißen, sonst erstickt der Welpe.

Sollte die Hündin nicht selbst abnabeln, dann kann die Nabelschnur mit einer sterilisierten Nagelschere durchgetrennt werden. Hier darf nicht übersehen werden, dass die Nabelschnur nicht zu kurz abgezwickt wird. Ungefähr fünf Zentimeter ist die richtige Länge.

Einige Züchter geben ihrer Hündin zwischendurch ein paar Tropfen verdünnten Bohnenkaffee, um einer Wehenschwäche vorzubeugen.

Nach dem Werfen, wenn man der Meinung ist, die Münsterländerhündin hätte alle Welpen auf die Welt gebracht, muss ganz vorsichtig der Bauch abgedrückt werden, denn es kann sein, dass sich doch noch eine Frucht im Leib befindet.

Wenn dann der Wurfakt abgeschlossen ist, sollten Sie das Lager der Hündin reinigen und sie dann anschließend mit ihren Kindern in Ruhe lassen. Der Züchter kann sich freuen, dass alles gut gegangen ist und er ein paar prächtige Welpen sein Eigen nennen kann.

UNVORHERSEHBARE ZWISCHENFÄLLE BEIM WERFEN

Wenn eine Geburt ohne Komplikationen verlaufen ist, dann ist das nicht nur von Vorteil für die Hündin, auch der Besitzer der Münsterländerhündin kann sich darüber freuen. Leider ist das nicht immer der Fall. Es kann zum Beispiel zu einer Querlage des Welpen kommen. Das kann der Fall sein, wenn die Hündin nach Ablauf der Tragezeit zwar einen Temperatursturz hatte, weiter aber nichts geschieht. Wenn sie also nach einer Zeit von drei bis vier Stunden keine Welpen ausgestoßen hat, dann muss der Tierarzt her.

Genauso verhält es sich, wenn die Hündin eine Wehenschwäche hat oder wenn ein Welpe stecken bleibt. Der Züchter sollte in so einem Fall nicht versuchen, den Welpen mit Gewalt zu holen. Die Welpen liegen im Leib der Hündin in zwei Gebärmutterhörnern, deshalb kann es vorkommen, dass sich zwei Welpen beim Eintritt in den Geburtskanal gegenseitig behindern. In diesem Fall muss vom Tierarzt ein Welpe »geholt« werden. Die nachfolgenden Geburten verlaufen dann meistens wieder normal.

Wenn alles nichts hilft, dann gibt es in letzter Konsequenz den Kaiserschnitt. Eine Hündin, die ihre Welpen mit Kaiserschnitt zur Welt bringt, kann zur Zucht wieder verwendet werden, wenn sich aber schwere Geburten wiederholen und letzten Endes wieder auf einen Kaiserschnitt hinauslaufen, dann sollte mit dieser Hündin nicht weitergezüchtet werden. Experten sind der Meinung, dass sich schwere Geburten durchaus auf die Nachkommen vererben.

ERKRANKUNGEN DER HÜNDIN NACH DEM WERFEN

Als gefährlichste Erkrankung einer Hündin nach dem Werfen kann die Eklampsie bezeichnet werden. Das Wort kommt aus dem Griechischen und heißt »blitzartig«, und blitzartig tritt diese Krankheit auch auf.

Es handelt sich um einen Mangel an Blutkalzium, da mit der Milch viel körpereigenes Kalzium verloren geht und über das Futter oft nicht genügend ersetzt werden kann. Der Tierarzt muss sofort Kalzium intravenös verabreichen.

In den meisten Fällen kommt sie bei Hündinnen vor, die zum ersten Mal werfen. Da bei Eklampsie meistens Lebensgefahr besteht, sollte jeder Züchter über den Verlauf Bescheid wissen.

Als erstes Zeichen für einen bevorstehenden Anfall streicht sich die Hündin über Nase und Fang, als ob sie etwas jucken würde. Als zweites treten Zuckungen der Muskelpartien auf. Dabei sind besonders betroffen der Kopf, die Halspartie und die Schultermuskeln. Außerdem zeigt die Hündin Unruhe und Angst. Als weitere Folge treten krampfartige Zuckungen der Läufe und Lähmungserscheinungen auf. Dieser Zustand kann zum Ersticken der Hündin führen.

Diese Anfälle treten meistens kurz nach dem Werfen auf. Es kann auch vorkommen, dass sich die Krankheit erst nach sechs bis acht Wochen bemerkbar macht. Wenn diese Anfälle öfters auftreten, müssen die Welpen abgesetzt werden.

Eklampsie kann auch schon Tage vor dem Werfen auftreten. Das kann der Züchter verhindern, wenn er seiner Münsterländerhündin in der Mitte der Tragezeit Kalkpräparate und eine Kalzium-Lösung vom Tierarzt verabreichen lässt.

Auf eine andere, von vielen mit der Eklampsie verwechselten Krankheit, muss ebenfalls hingewiesen werden. Sie tritt meistens in der dritten bis vierten Säugewoche auf. Die Symptome sind ähnlich wie bei der Eklampsie. Hündinnen, die mit

Kalzium und Vitaminen behandelt wurden, zeigten für zwei oder drei Tage Besserung, dann war das Krankheitsbild wieder vorhanden mit Hecheln, krampfhaften Zuckungen und so weiter. Dieses Krankheitsbild verlor sich erst mit dem Absetzen der Welpen.

Der Tierarzt war der Meinung, dass dieses eklampsieähnliche Krankheitsbild mit dem starken Spulwurmbefall zu tun hatte, unter dem die Hündin zu leiden hatte, weil sie ja den Kot der Welpen zu sich nahm. (Die Hündin sollte deshalb zur Vorbeugung auch während der Tragezeit entwurmt werden, besprechen Sie das mit Ihrem Tierarzt). Die Hündin nimmt mit Urin und Kot der Welpen auch deren Stoffwechselgifte auf. Diese giftigen Stoffe kommen in den Darm der Hündin und verhindern eine optimale Verwertung des Kalziums.

Die Folge ist ein radikales Absinken des Kalziumspiegels, der durch die vorher verabreichten Tabletten nicht aufgefangen werden konnte und das beschriebene Krankheitsbild.

Die Welpen sollten daher bereits im Alter von zwei bis drei Wochen auf einen Wurmbefall getestet werden, indem man ihnen die Hälfte der vorgeschriebenen Wurmpastenmenge verabreicht. Dieser Vorgang ist so lange zu wiederholen, bis keine Würmer mehr vorhanden sind.

Natürlich muss versucht werden, den Kot der Welpen beiseite zu räumen und auch das Lager so sauber zu halten wie es eben geht, denn sonst hat die ganze Prozedur wenig Sinn.

DIE AUFZUCHT DER WELPEN

Der Platz, an dem die Hündin und die Welpen untergebracht sind, sollte im Halbdunkeln liegen und zwar so lange, bis die Welpen ihre Augen öffnen. Diese Maßnahme, nämlich ein ruhiger Platz, sind nicht nur für die Welpen von Vorteil, auch die Hündin fühlt sich wohler, wenn sie in Ruhe gelassen wird, umso mehr kümmert sie sich um ihren Wurf.

Der Münsterländerbesitzer muss weiter dafür sorgen, dass die Hündin reichlich und vor allen Dingen mit bestem Futter versorgt wird. Wenn möglich mit einer leicht abführenden Kost, besonders in den ersten Tagen nach dem Werfen, damit alle Gifte aus ihrem Körper kommen.

KLEINER MÜNSTERLÄNDER HEUTE

*Abtransport ...
Foto: Pete A. Eising*

*... zum ersten Ausflug.
Foto: Pete A. Eising*

Das Gesäuge der Hündin besteht aus acht bis zwölf Zitzen, davon sind acht meistens gut ausgebildet, also für die Aufzucht und Ernährung der Welpen zu gebrauchen. Der Idealwurf wäre eine Welpenanzahl von vier bis sechs. Bei dieser Zahl ist eine hundertprozentige Ernährung garantiert.

Eine gesunde Hündin ist bis zur vierten Woche in der Lage und auch unermüdlich dabei, ihre Welpen zu ernähren. Sie versucht während dieser Zeit das Lager peinlichst

DER ZÜCHTER UND DIE ZUCHT

In die freie Natur!
Foto: Pete A. Eising

sauber zu halten, was ihr, besonders wenn es sich um eine große Anzahl von Welpen handelt, nicht immer gelingt. Außerdem hat die Hündin noch einige Zeit einen blutigen Ausfluss, und zwar so lange, bis sich die Gebärmutter wieder geschlossen hat. In dieser Zeit ist von Seiten des Züchters peinlichste Sauberhaltung gefragt. An dieser Stelle soll darauf hingewiesen werden, dass viel mehr Welpen durch eine schmutzige Behausung zugrunde gehen als durch eine Krankheit.

Es kommt dann der Zeitpunkt, so ungefähr nach vierzehn Tagen, an dem die Welpen ihre Augen öffnen. In dieser Zeit sind sie unbedingt vor Sonnenlicht zu schützen.

Nach der Geburt sollten die Welpen auf Missbildungen untersucht werden. Afterklauen sollte der Tierarzt spätestens nach acht Tagen entfernen. Andere Missbildungen, zum Beispiel Hodenfehler und so weiter, können erst später erkannt werden.

ENTWÖHNUNG DER WELPEN

Einen genauen Zeitplan oder genaue Regeln für das Absetzen der Welpen kann man nicht aufstellen. Anfangen kann man ab der vierten Lebenswoche. Ab da ist es wichtig, dass die Welpen an eine genaue Fütterungszeit gewöhnt werden. Die Mahlzeiten werden von Woche zu Woche um eine Mahlzeit gesteigert und zuletzt kann eine kleine Portion bis zu sechsmal pro Tag verabreicht werden. Mit der Anzahl der Mahlzeiten wird unsere Münsterländerhündin mehr und mehr entlastet.

Bei einem starken Wurf muss ...
Foto: Pete A. Eising

Manche Züchter machen den Fehler, mit der Entwöhnung zu voreilig vorzugehen. Der gewissenhafte Züchter wird sich Zeit lassen, weil Darm und Magen sich von der Verdauung der Muttermilch auf anderes Futter erst umstellen müssen.

Hündinnen, die sehr natürlich aufgezogen worden sind und gut genährt wurden, geben im Allgemeinen viel Milch, und sie bemühen sich, ihre Welpen auf jeden Fall bis zur achten Lebenswoche zu versorgen.

Bis zu diesem Zeitpunkt sollte der Züchter die natürliche Veranla-

... nachgefüttert werden.
Foto: Pete A. Eising

gung der Hündin nur durch eine gewisse Menge an Beifutter unterstützen. Wenn der ganze Verein in einer Wurfkiste untergebracht ist und die Hündin sich von ihren lästigen Kindern ab und zu absetzen kann, dann reguliert sich die Sache mit der Entwöhnung von selbst.

DIE FÜTTERUNG DER WELPEN

Die Welpen kommen nun langsam in ein Alter, in dem sie die Mutterhündin nur noch teilweise oder überhaupt nicht mehr ernähren will. Es kommt die wichtigste Zeit für

Die erste Impfung ist sehr wichtig.
Foto: Pete A. Eising

Mit Mama kann man am besten spielen.
Foto: Anton Kolb

den Züchter, nämlich die richtige Ernährung der Welpen, denn mit dem Futter für die kleinen Münsterländerwelpen steht und fällt der richtige Aufwuchs und die spätere Beschaffenheit der Junghunde.

Ab der vierten Woche sollte man mit dem Zufüttern beginnen. Unsere Altvorderen bevorzugten Frischfleischnahrung. Betrachtet man das Verhalten unseres Kleinen Münsterländers, nämlich das Festhalten und Abwürgen seiner Beute, bedingt durch das spezialisierte Gebiss und die kräftigen Kieferknochen und auch die speziell dafür vorhandenen Verdauungsorgane, dann ist die Erklärung dafür einfach.

Wir befinden uns aber in einer Zeit, in der die Tierfutterhersteller auch für Welpen sehr gute Produkte auf den Markt bringen. Es bleibt jedem Züchter überlassen, wie er das Futter für seine Münsterländerwelpen gestaltet. Zu bedenken ist aber: Der erwachsene Hund wird auch später das Futter bevorzugen, das er als Welpe während der Prägephase kennen gelernt hat. Wenn er in diesem Alter nur industrielles Fertigfutter bekommt, ist es möglicherweise schwer, ihn später an etwas anderes zu gewöhnen. Das Beste ist also, einen Mittelweg zu gehen und eine Mischkost aus frischen Produkten und Fertigfutter zu füttern. Auch die heranwachsenden Hunde fressen bereits Rinderpansen und erst recht den Pansen von einem Reh, besonders, wenn noch Pansenreste enthalten sind.

Es ist immer wieder verwunderlich, wie sich Welpen, und wenn sie noch so klein sind, um die »Beute« raufen.

DIE AUFZUCHT MUTTERLOSER WELPEN

Ab und zu kommt es vor, dass unsere Kleinen Münsterländerwelpen ohne Mutter aufgezogen werden müssen. Dafür kann es verschiedene Gründe geben: Die Hündin hat die Geburt nicht überstanden oder es war ein Kaiserschnitt erforderlich, manchmal kann es auch vorkommen, dass sie zu wenig Milch hat und so weiter. Ein nicht sehr erfreuliches Thema, aber trotzdem muss darüber gesprochen werden.

Meistens ist es eine mühselige Arbeit, die nicht nur viel Geduld erfordert, es gehört auch viel Glück dazu, alle Welpen durchzubringen. Die Welpen müssen alle zwei Stunden gefüttert werden, und das Tag und Nacht. Es müssen Fläschchen und Schnuller angeschafft werden. Als Nahrung dient eine spezielle künstliche Welpenmilch, die in ihrer Zusammensetzung genau auf den Bedarf von Welpen ausgerichtet ist. Keine

Kuhmilch geben! Diese hat gegenüber Hundemilch einen viel zu geringen Fettgehalt (Kuhmilch 13,5%, Hundemilch 21-23%) und auch sonst eine andere Zusammensetzung. Ganz unsinnig wäre es, Kuhmilch noch zu verdünnen, denn da wird das ohnehin schon zu niedrige Fettverhältnis ja noch geringer! Wer sich nicht sicher ist, der geht am besten zum Tierarzt, denn der weiß immer einen Rat, außerdem hat er alles vorrätig, was zur Aufzucht erforderlich ist.

Der Idealfall überhaupt wäre eine Amme. Der Züchter wendet sich am besten an seinen Zuchtwart vom Verband für Kleine Münsterländer Vorstehhunde e.V., der weiß vielleicht ein Amme in seiner Nähe.

Kritisch sind die ersten vierzehn Tage, in dieser Zeit gewöhnen sich Welpen nur sehr schwer an den künstlichen Sauger, sie suchen ständig nach den Zitzen der Hündin. In diesem Zeitraum muss der Züchter viel Geduld aufbringen.

Foto: Pete A. Eising

Für die Warmhaltung der Welpen eignet sich am besten ein Infrarotstrahler, wie er für die Schweinezucht Verwendung findet. Auch Warmwasserflaschen, alle zwei Stunden erneuert, können helfen. Das Lager für die Welpen sollte sehr klein gehalten werden, damit die Welpen nahe aneinander liegen und sich gegenseitig wärmen können. Am Anfang ist eine Temperatur von zirka 32 Grad zu empfehlen. Die Welpen regulieren ihren Wärmebedarf, indem sie sich ab und zu voneinander entfernen und bei Bedarf wieder zusammenkrabbeln.

Die Arbeit, die sonst die Hündin übernimmt, nämlich durch Massieren des Bauches die Welpen zur Entleerung ihres Darmes und der Blase zu bewirken, muss bei mutterlosen Welpen der Züchter übernehmen. Durch leichtes Reiben an der Analgegend und der Unterseite des Bauches werden die Welpen zum Lösen angeregt. Meistens entleert sich die Blase, der Darm dagegen nicht. Um das zu erreichen, kann man mit etwas Vaseline, die ganz vorsichtig in den After eingeführt wird, nachhelfen.

Aus vorstehenden Zeilen kann man ersehen, dass die Aufzucht von mutterlosen Welpen nicht so einfach ist.

Darauf hingewiesen soll noch werden, dass, wenn möglich, immer die gleiche Person die Welpen füttern sollte, denn die »Kleinen Münsterländer« gewöhnen sich schnell an ihre »Ersatzmutter«.

Foto: Andrea Freiin von Buddenbrock

Kapitel 12

KRANKHEITEN ERKENNEN UND VORBEUGEN

Unser Kleiner Münsterländer kann uns nicht sagen, wenn er sich nicht wohl fühlt oder irgendeine Krankheit im Anmarsch ist. Derjenige, der intensiv mit seinem Hund lebt, wird aber sehr schnell an seinem Benehmen erkennen, wenn irgendetwas nicht stimmt. Er löst sich nicht richtig, seine Augen und sein Fell werden glanzlos, oder er frisst nicht richtig, um nur ein paar Beispiele zu nennen.

Bei einem Rüden kann eine Fressunlust daher kommen, weil er eine läufige Hündin in der Nachbarschaft in die Nase bekommt. Dann ist er zwar auch »krank«, aber nur vor lauter Liebeskummer.

Genau wie bei uns Menschen kann auch beim Kleinen Münsterländer der Puls gefühlt werden. Ein Pulsschlag zwischen 70 und 100 Schlägen ist normal. Fühlen kann man den Puls, wenn man dem Hund auf der Seite des Herzens unter die Vorhand greift. Wenn also unser Freund einen gleichmäßigen Herzschlag hat, dann ist nichts zu befürchten. Wenn er aber unregelmäßig schlägt, dann ist eine Störung des Kreislaufes vorhanden.

Ein nur schwer wahrnehmbarer Puls kann zum Beispiel ein Hinweis auf eine Vergiftung sein. Dann heißt es sofort zum Tierarzt!

Eine wichtige Vorbeugemaßnahme sind die Impfungen, die bereits im Welpenalter beginnen und anschließend in regelmäßigen Abständen wiederholt werden müssen. Es gibt heutzutage gegen fast alle Krankheiten einen Impfstoff, denn die Tiermedizin ist in ihrer Forschung sehr viel weitergekommen. Trotzdem kann es vorkommen, dass der eine oder andere unserer Schützlingen an einer Krankheit zugrunde geht. Das ist auch der Grund, warum nachfolgend die einzelnen Krankheiten beschrieben werden sollen.

Eine sehr wichtige Vorbeugemaßnahme ist zum Beispiel auch das Sauberhalten des Lagers und erst recht des Zwingers.

WIE WIRD DIE TEMPERATUR GEMESSEN?

Unser Kleiner Münsterländer hat normalerweise eine Körpertemperatur von 37,5 bis 39° Celsius. Die Temperatur wird mit einem normalen Fieberthermometer gemessen: Das Thermometer wird zuerst mit einer Flüssigkeit, z.B. Babyöl oder Vaseline, präpariert. Dann wird das Gerät vorsichtig in den After eingeführt. Dort verbleibt es zirka eineinhalb bis zwei Minuten. Stellt man dann Fieber fest, dann gibt es nur eines, sofort zum Tierarzt, denn der weiß am besten, was dem Hund fehlt.

> *Normaler Puls: 70 - 100 Schläge/Minute*
> *Normale Temperatur: 37,5 - 39° C*

WIE VERABREICHT MAN ARZNEIMITTEL?

Die sicherste Methode ist im Allgemeinen, die vom Tierarzt verschriebene Medizin ins Futter zu mischen, wobei Tabletten zerkleinert werden müssen. Da es aber unter unseren Kleinen Münsterländern sehr viele Schlaumeier gibt, die die Arznei wieder ausspucken oder erst gar nicht annehmen, muss eine andere Methode angewandt werden. Der Tierarzt bevorzugt in den meisten Fällen die Injektion und er weiß auch, wie man mit einer Spritze umgeht. Selber »Doktor spielen« und spritzen wollen, das sollte man lieber bleiben lassen.

Beim direkten Verabreichen von Kapseln oder Tabletten wird es schon schwieriger. Manchmal geht das ohne Zwang, aber in den meisten Fällen nicht. Ein gutes Hilfsmittel ist ein Happen Leberwurst, in die man die Medizin »einwickelt«, da schluckt unser Freund dann ganz schnell.

Ansonsten muss versucht werden, die Tablette so weit wie möglich in den Rachen zu schieben, und anschließend muss der Fang gut zugehalten werden, bis der Hund geschluckt hat. Macht er das Maul überhaupt nicht auf, dann hilft am Ende des Fangs ein Lefzendruck. Genauso gibt man flüssige Arzneimittel.

DIE EINZELNEN KRANKHEITEN

Wie bereits erwähnt, auch wenn alle vorbeugenden Maßnahmen getroffen wurden, kann es trotzdem vorkommen, dass unser Kleiner Münsterländer von der einen oder anderen Krankheit befallen wird. Wenn das der Fall ist, dann muss vor jedem Selbstkurieren abgeraten werden.

Wenn anschließend verschiedene Krankheiten aufgezeigt werden, dann soll das nur eine kleine Hilfe sein, für Diagnosen ist immer der Tierarzt zuständig.

Die Staupe

Die Virusinfektionskrankheit Staupe ist zwar dank der sehr guten Impfstoffe in letzter Zeit nicht mehr so häufig aufgetreten, trotzdem ist es ratsam, unseren Kleinen Münsterländer in dieser Hinsicht im Auge zu behalten.

Die Staupe gibt es in verschiedenen Versionen. Von der Ansteckung bis zum Ausbruch der Krankheit dauert es ein bis drei Wochen. Man unterscheidet drei verschiedene Arten:

1. Die Magen- und Darmstaupe, die sich durch Erbrechen und Durchfall bemerkbar macht.
2. Die Katarrh-ähnliche Form, auch »klassische Staupe« genannt: Die Augen des Hundes werden mit einem eitrigen Sekret verklebt, die Bindehäute werden hochrot; aus der Nase kommt ein gelbschleimiger Ausfluss, und der Nasenschwamm ist trocken und rissig.
3. Die Hartballenstaupe, in deren Verlauf an Ballen und Nasenspiegel eine Anhäufung von Hornsubstanz auftritt.

Die Anfangssymptome sind bei allen Staupearten dieselben. Zuerst verminderte Fresslust, dann ein Temperaturanstieg bis zu 41 Grad. Die Anfangserscheinungen werden oft nicht beachtet, dabei könnte gerade in dieser Zeit die Verabreichung eines Gegenmittels sehr hilfreich sein.

Wenn die Krankheit nicht behandelt wird, erhöht sich nach sieben bis zwölf fieberfreien Tagen erneut die Temperatur und die Folge sind wieder die oben aufgeführten Krankheitserscheinungen.

Die Tollwut

Die Tollwut dürfte wohl die gefährlichste Krankheit sein, die unseren Kleinen Münsterländer befallen kann. Deshalb sollte die erste Impfung bereits in der siebten Lebenswoche erfolgen.

Die Tollwut ist eine Krankheit, die durch einen Virus verursacht wird. Sie ist hochansteckend, auch für den Menschen.

Die Tollwut kann sich bei unserem Kleinen Münsterländer unterschiedlich bemerkbar machen. Da gibt es die so genannte »stille« Wut mit nachfolgendem Erscheinungsbild: Der Hund wird teilnahmslos, unruhig und aggressiv. Oder es handelt sich um die »rasende« Wut, die sich in verstärkter Unruhe und dem Drang zum Davonlaufen zeigt. Der Hund wird sein Futter nicht mehr beachten, er beißt in Fremdkörper, wie zum Beispiel in Holzstücke oder Steine.

Die Übertragung erfolgt durch einen Biss und zwar durch den Speichel, der in die verursachte Bisswunde gerät. Zwischen der Ansteckung und dem Ausbruch der Wut vergehen in der Regel vier bis sechs Wochen.

Zuletzt treten Lähmungserscheinungen auf. Zuerst kann der Hund den Unterkiefer nicht mehr bewegen, und mit der Zeit fängt er an zu taumeln, und bevor er endgültig eingeht, vermag er sich nicht mehr auf den Läufen zu halten.

Gegen die Tollwut gibt es nur die vorbeugende Impfung, aber keine Heilung.

Die Leptospirose

Die Leptospirose ist ein Krankheit, die auch auf den Menschen übertragen werden kann. Sie tritt vermehrt im Herbst und im Winter auf und befällt Rüden häufiger als Hündinnen. Die Übertragung erfolgt von Hund zu Hund, vorwiegend durch Beschnüffeln der Genitalien oder durch Stellen, die vom Hundeurin verunreinigt wurden. Auch über Rattenurin, z.B. in stehenden Gewässern, ist eine Ansteckung möglich! Der Mensch kann sich anstecken, wenn er den Hundeurin aufwischt und nur leichte Schrunden und Risse an den Händen hat, durch die Erreger ins Blut eindringen können. Es gibt zwei unterschiedliche Krankheitsformen:

Die eine ist die ohne Gelbsucht verlaufende, die sich durch eine fieberhaft ansteigende, jedoch bald wieder absinkende Körpertemperatur, durch Erbrechen, große Müdigkeit, vermehrten Durst, üblen Geruch aus dem Fang, braunrote Verfärbung der Lid-Bindehäute, Geschwüre auf der Zungen- und Maulschleimhaut, große Schmerzen am Hinterleib, blutigen Durchfall und durch ein unendliches Schlafbedürfnis bemerkbar macht. Unser Kleiner Münsterländer magert sehr schnell ab und er stirbt nach vier bis acht Tagen.

Die mit einer Gelbsucht verlaufende Krankheitsform zeigt die Symptome wie die erste, mit dem Unterschied, dass die Schleimhäute und die äußere Haut gelb gefärbt sind. Eine frühzeitige Behandlung durch den Tierarzt mit Hilfe von Antibiotika kann unseren Kleinen Münsterländer schlagartig heilen.

Gegen die Leptospirose gibt es eine sehr wirksame Schutzimpfung, die einmal jährlich aufgefrischt werden muss. Sie sollte unbedingt zum Standard-Impfprogramm Ihres Kleinen Münsterländers gehören!

Der Wundstarrkrampf (Tetanus)
Wundstarrkrampf wird beim Menschen wie beim Tier durch den gleichen Erreger verursacht. Eine Infektion erfolgt durch das Eindringen von bakterienhaltigem Schmutz in Gewebe und Blut. Schuld ist ein Nervengift, das durch das Bakterium Clostridium tetani gebildet wird. Der Starrkrampf zeigt sich in den meisten Fällen durch einen steifen, stelzenartigen Gang des Hundes. Weiter in einer gestreckten Kopfhaltung, in einem ängstlich starren Blick und in gesteigerten Reflexbewegungen.

Es gibt zwei Arten von Starrkrampf, den reinen Wundstarrkrampf und den traumatischen Starrkrampf. Der erstere zeigt sich nach einer Infektion an Risswunden, die auch schon verheilt sein können, und der toxische Starrkrampf ist zum Beispiel die Folge einer Strichninvergiftung.

Es besteht Aussicht auf eine Rettung, wenn der Starrkrampf rechtzeitig erkannt wird. In fortgeschrittenem Verlauf ist ein Heilung in den meisten Fällen nicht möglich. Vorbeugen durch Impfung, die zum Standard-Impfprogramm gehört und keinesfalls versäumt werden darf.

Nierenerkrankung
Ältere Kleine Münsterländer, besonders die Hündinnen, leiden oft an Nierenentzündungen. Diese Entzündung kann zur Nierenschwäche und letzten Endes zu einer Nierenschrumpfung führen.

Eine der Ursachen für eine Nierenentzündung kann eine frühere Erkältung sein. Der Hund hat im kalten Wasser gearbeitet und wurde anschließend nicht richtig trocken gerieben. Erste Anzeichen sind ein größerer Durst und Schwierigkeit beim Wasserlassen.

Bei den ersten Anzeichen sofort zum Tierarzt!

Der Ohrzwang (Ohrwurm)

Der Ohrzwang ist eine Entzündung des äußeren Gehörganges. Diese Entzündungen entstehen in den meisten Fällen durch Zugluft und durch das Eindringen von Fremdkörpern und erst recht durch Wasser. Anfällig sind vor allen Dingen Hunde mit langen Behängen. Die Beschwerden zeigen sich in Form von Juckreiz und Schmerzen im betroffenen Ohr. Wenn das Trommelfell bereits in Mitleidenschaft gezogen ist, kommt es zu einer Mittelohr-Entzündung.

Diese Krankheit kann nur der Tierarzt heilen. Man kann vorbeugen, indem wir unserem Hund regelmäßig die Ohren reinigen und anschließend mit einem guten Desinfektionspuder einpudern.

Gebiss- und Rachenerkrankungen

Paradontose ist eine Krankheit, die auch bei unserem Kleinen Münsterländer vorkommt. Man kann vorbeugen, indem regelmäßig zum Tierarzt gegangen wird, damit dieser den Zahnstein entfernen kann.

Weniger häufig kommt bei unserem Hund Zahnfäule (Karies) vor.

Eine weitere Gefahr von Verletzungen entsteht, wenn zum Beispiel Knochenreste zwischen den Zähnen eingeklemmt sind. In den meisten Fällen zeigt unser Kleiner Münsterländer an, wenn er einen Fremdkörper in seinem Rachen oder zwischen den Zähnen hat. Auch hier hilft der Tierarzt.

Erkrankung der Atemwege

Auch unser Kleiner Münsterländer kann Mandelentzündung, Husten oder Bronchitis, ja sogar eine Lungenentzündung bekommen. Wenn er seinen täglichen Auslauf hat, ist er meist weniger anfällig.

Sollte eine derartige Krankheit vorkommen, dann hilft auch hier der Tierarzt.

Analbeutel-Entzündung

Wer kennt es nicht, das so genannte »Schlittenfahren«, bei dem der Hund mit dem Hinterteil über den Boden rutscht. Meist ist es ein Hinweis auf verstopfte Analdrüsen. Diese Analdrüsen befinden sich links und rechts vom After. Im Normalfall scheiden die Hunde die darin enthaltene Flüssigkeit mit dem Kot aus und setzen so ihre ganz persönliche »Duftmarke«. Wenn wir unseren Hund beobachten, können wir feststellen, dass er seine Artgenossen zuerst in der Gegend des Afters beschnüffelt.

Sollten sich die Analdrüsen nicht rechtzeitig entleeren, dann kann es zu Entzündungen kommen. Vereiterung und Abszesse können die Folge sein. Sind die Analbeutel nur verstopft und noch nicht entzündet, können Sie sie auch selbst ausdrücken, wenn Ihnen der Tierarzt einmal gezeigt hat, wie es geht. Es ist aber ein ziemlich unangenehmes Geschäft wegen des penetranten Geruchs!

Bindehautentzündung
Hundewelpen werden bekanntlich blind geboren. Wenn sie dann nach zehn bis vierzehn Tagen sehen können, wird ihre Sehkraft doch eine ganz andere sein als die von uns Menschen. Trotzdem sind die Augen unseres Kleinen Münsterländers genauso kompliziert.

Das erste Anzeichen, dass mit den Augen unseres Hundes etwas nicht in Ordnung ist, kann ein Tränen des Auges und gerötete Bindehäute sein. Der Hund wird versuchen, das in Mitleidenschaft gezogene Auge mit der Pfote zu reiben.

Die Bindehautentzündung kann durch eine Infektion, aber auch durch Staub, Insekten, Fremdkörper oder leichte Verletzungen der Hornhaut bedingt sein. Auch ein offenes Autofenster, durch das unser Hund seinen Kopf so richtig gegen die Fahrtrichtung hängen kann, führt häufig zu dieser Entzündung.

Sofortige Linderung kann man dem Hund verschaffen, indem man das betroffene Auge mit sterilem, abgekochtem Wasser oder mit Kontaktlinsenflüssigkeit ausspült. Danach sollten Sie mit ihm zum Tierarzt, damit der die richtigen Mittel verschreiben kann.

Vergiftungen
Eine Vergiftung sieht am Anfang oft wie eine Infektion aus. Meist ist das erste Anzeichen Erbrechen und Durchfall. Es können aber auch, je nachdem, was unser Hund erwischt hat, Krämpfe oder ausgedehnte Blutausscheidungen auftreten. Wenn sich unser Kleiner Münsterländer erbrechen muss oder wenn er Durchfall hat, dann kann das bereits das erste Zeichen einer Besserung sein. Wenn Sie den Verdacht haben, dass Ihr Hund etwas Giftiges gefressen hat, können Sie ihm eine Lösung aus Wasser

und Bleichsoda (Natriumkarbonat) oder auch Salzwasser als Brechmittel einflößen. Trotzdem müssen Sie ihn danach sofort zum Tierarzt bringen! Wenn Sie wissen, was der Hund gefressen hat (z.B. Ratten- oder Schneckengift, Insektizid o.ä.), nehmen Sie die Packung mit zum Tierarzt, damit er das richtige Gegenmittel geben kann. Gehen Sie beim geringsten Verdacht, dass es sich um eine Vergiftung handeln könnte, sofort zum Tierarzt, denn derartige Anzeichen könnten der Anfang vom Ende sein!

Hitzschlag

Auch unser Kleiner Münsterländer kann von einem Hitzschlag betroffen werden, und da wieder ganz besonders ältere Tiere. Besonders die verantwortungslosen Autofahrer sollen angesprochen werden, die ihren Vierbeiner im vollkommen verschlossenen Vehikel in der prallen Sonne auf einem Parkplatz stehen lassen. Anzeichen sind Unwohlsein und stark gestiegene Körpertemperatur, gerötete Schleimhäute und Schwäche mit anschließendem Kollaps. Erste Hilfe bei einem Hitzschlag ist das Verbringen des Hundes an einen kühlen Ort, massives Kühlen mit Wasser über den ganzen Körper und dann der sofortige Gang zum Tierarzt.

Knochenbrüche

Ob es sich um einen Bruch handelt, kann man nur mit einer Röntgenaufnahme feststellen, es sei denn, es handelt sich um einen offenen Bruch. An Ort und Stelle gibt es nur eine Möglichkeit dem Hund zu helfen, und das ist, das gebrochene Bein möglichst zu schonen und nicht zu versuchen, es zu schienen, denn dabei kann man noch mehr Schaden anrichten. Nach einem Unfall ist es am wichtigsten, die Atemwege des Hundes freizuhalten, offene Wunden zum Schutz vor Infektionen abzudecken, den Blutverlust zu kontrollieren und den Schock zu verringern. Die Behandlung übernimmt dann schnellstmöglich der Tierarzt. Genauso wird vorgegangen, wenn es sich um eine Verrenkung oder Verstauchung handelt. Auf keinen Fall versuchen, irgendetwas einzurenken, aber das wird sich unser Hund ohnehin nicht bieten lassen.

Bisswunden

Es soll vorkommen, dass sich unsere lieben Vierbeiner in die Wolle kriegen. Die dabei entstandenen Verletzungen sind meistens Risswunden, die ab und zu sehr großflächig ausfallen können. In so einem Fall sofort zum Tierarzt, denn die Gefahr einer Infektion ist groß!

Hauterkrankungen

Für Hauterkrankungen können zum Beispiel Hundeflöhe oder deren Kot verantwortlich sein, aber auch Milben oder Pilze. Oft verschwinden derartige Probleme wieder von selbst. Gehen Sie trotzdem auf jeden Fall zum Tierarzt, damit er die Ursache feststellen und die richtige Behandlung einleiten kann. Auch Allergien sind bei unserem Kleinen Münsterländer heute nicht mehr selten. Mit einer Blutuntersuchung kann der Tierarzt das feststellen. Wichtig für die Gesunderhaltung von Haut und Haar ist eine artgerechte Ernährung. Wenn man seinen Kleinen Münsterländer einigermaßen vernünftig hält, ihn ordentlich pflegt, artgerecht füttert und die notwendigen Impfungen durchführen lässt, dann sind in der Regel keine Hauterkrankungen zu befürchten.

Magendrehung

Die Magendrehung ist beim Kleinen Münsterländer zwar selten, sie kommt aber trotzdem vor. Sie kommt dadurch zustande, dass sich der locker in der Bauchhöhle befindliche Magen um seine Längsachse dreht. Bei diesem Vorgang werden sowohl der Mageneingang wie auch der Magenausgang wie bei einem Bonbonpapier abgeschnürt. Die Folge ist eine Aufgasung des Magens mit schweren Kreislaufstörungen. Anzeichen sind Atemnot (weil der aufgeblasene Magen auf das Zwerchfell drückt), manchmal eine lila verfärbte Zunge und offensichtliche Schmerzen. Manchmal ist sogar nach außen hin eine Ausdehnung des Bauches sichtbar.

Der Hund muss sofort operiert werden, sonst ist die Magendrehung tödlich. Beim geringsten Verdacht sofort zum Tierarzt! Die genaue Ursache dieser Krankheit ist unbekannt, es scheint aber ein Zusammenhang zwischen Bewegung und Nahrungsaufnahme zu bestehen. Den Hund also nicht unmittelbar nach dem Fressen herumtoben lassen oder stark belasten, sondern ihm genügend Zeit zur Verdauung geben.

Augenlidfehler - Ektropium (Augenlidausstülpung) und Entropium (Rolllid)

Diese Augenlidfehler führen in der Regel zu chronischen Entzündungen der Lidbindehaut, manchmal sogar der Hornhaut. Beim Ektropium können vermehrt Staub und andere Reizstoffe eindringen, weil die unteren Augenlider herabhängen. Ein Ektropium kann erblich bedingt sein (beim Kleinen Münsterländer selten) oder Folge einer Gesichtsnervenlähmung oder einer Verletzung am Augenlid sein.

Beim Entropium dreht sich das Lid nach innen, sodass die augenwärts gerichteten Wimpernhaare auf der Hornhaut des Auges reiben und zu chronischen Entzündungen führen. Diese Prozesse sind für den Hund lästig und meistens schmerzhaft. Bei unserem Kleinen Münsterländer kommen diese Augenlidfehler selten vor.

Nabelbrüche

Nabelbrüche kommen beim Kleinen Münsterländer ab und zu vor. Erkennen kann man sie als runde schmerzlose Verwölbung der Bauchdecke rund um den Nabel. Bei einem Druck auf diese Verwölbung lässt sich der Inhalt des Bruches in die Bauchhöhle zurückdrücken, die Wölbung kommt aber schnell wieder hervor.

Ein Nabelbruch kann durch hektisches Abbeißen, Ziehen und Lecken an der Nabelschnur durch die Hündin entstehen. Kleine Nabelbrüche heilen bei einem Welpen oft von selbst ab oder sie bilden sich, bis auf eine kleine Verwölbung, zurück. Ein größerer Bruch muss operiert werden.

Diese Operation sollte im Alter von sechs bis acht Wochen vorgenommen werden.

Hodenfehler

Bei einer normalen Entwicklung steigen bei einem Welpen beide Hoden aus der Bauchhöhle durch den Leistenkanal in den Hodensack. Es sollten bei einem acht Wochen alten Welpen die Hoden sichtbar, zumindest fühlbar sein.

Wenn sich bei einem Rüden nur ein Hoden sichtbar im Hodensack befindet, dann spricht man von einseitigem Kryptorchismus. Wenn kein Hoden sicht- oder fühlbar ist, dann nennt das der Kynologe einen vollständigen Kryptorchismus. Die nicht sichtbaren Hoden befinden sich in der Bauchhöhle oder sie sind im Leistenkanal stecken geblieben. Einhodige Rüden sind in den meisten Fällen fruchtbar, vollständige Kryptorchiden nicht.

Kryptorchismus wird nicht nur als Fehler angesehen, er ist eine echte Krankheit. Die in der Bauchhöhle zurückgebliebenen Hoden produzieren Geschlechtshormone in verstärktem Maße. Die Hoden in der Bauchhöhle können auch tumorös werden.

Darmverschluss und Verstopfung

Verstopfungen können bei einseitig ernährten Hunden auftreten. Sollte das der Fall sein, ist eine Futterumstellung notwendig. Der Darmverschluss, also eine vollkommene Kotenthaltung, ist sehr ernst zu nehmen, da meist ein Fremdkörper die Ursache ist. Ein Hund kann zum Beispiel beim Spielen einen Gegenstand verschlucken, der im Magen oder Darm stecken bleibt. Hier muss sofort operiert werden. Fressunlust und ein völliges Desinteresse an der Umgebung sind die ersten Anzeichen.

Durchfall

Wie beim Menschen ist hier Fasten angesagt, dazu Kohletabletten. Lässt sich der Durchfall mit dieser Behandlung nach ein bis zwei Tagen nicht beheben oder ist sehr heftig, dann heißt es sofort zum Tierarzt, denn er kann auch das Symptom einer ernsteren Erkrankung oder einer Vergiftung sein.

Darm- und Hautparasiten

Neben dem Spulwurm gibt es noch die Haken- und Peitschenwürmer, ferner den Bandwurm. Ein charakteristisches Merkmal ist das Auftreten von Bandwurmteilchen im Kot. Gegen alle Wurmarten hilft ein regelmäßiges Entwurmungsprogramm mit einem vom Tierarzt empfohlenen Präparat sowie normale Zwingerhygiene.

Eine andere Gattung sind die so genannten Hautparasiten, eine davon ist die Zecke. Unser Kleiner Münsterländer wird bei seiner Arbeit in Wald und Flur häufig von diesem Blutschmarotzer befallen. Die Zecke beißt sich in den meisten Fällen fest, ohne dass der Hund es merkt, erst später zeigt er uns durch Beißen und Kratzen an, dass er befallen ist. Jeder hat seine eigene Methode, dieses Ungeziefer zu entfernen. Wir sind am besten damit gefahren, dass wir die Zecke mit zwei Fingern fassen und durch Drehen aus der Haut entfernen. Andere verwenden eine so genannte Zeckenzange, andere Zeckenhalsbänder, die stark riechen und unseren Kleinen Münsterländer, der ja auch mit seiner Nase arbeitet, behindern.

Auf keinen Fall sollte man die Zecke vor dem Herausdrehen mit Alkohol oder Öl oder sonst etwas beträufeln, wie es früher oft empfohlen wurde. Heute weiß man, dass die so behandelte Zecke nur noch mehr Speichel in die Bisswunde absondert, in dem gefährliche Krankheitserreger (z.B. für die Borreliose) enthalten sein können.

Ein Kapitel für sich sind Hundeflöhe. Da kann es vorkommen, dass der Hund mit einem Zusatzmittel gebadet wird oder mit einem Flohmittel eingesprüht und trotzdem sind diese Viecher immer wieder da. Am besten wirken flüssige Langzeitmittel, die im Nacken des Hundes aufgetropft werden und zwar knapp hinter dem Kopf, damit der Hund dieses Mittel mit seiner Zunge nicht erreicht. Im Abstand von vier Wochen aufgetragen, bewirkt ein derartiges Mittel die Abtötung der Flohpopulation. Nicht vergessen das Lager mitzubehandeln, sonst sind aus den darin reichlich vorhandenen Larven bald wieder neue Flöhe geschlüpft!

Die Hunderäude wird durch Milben hervorgerufen. In früheren Jahren ist die Räude als ausgesprochene »Zwingerkrankheit« vorgekommen, dem kann man mit peinlichster Sauberkeit entgegenwirken. Die ersten Veränderungen zeigen sich am Unterbauch des Hundes, an der Schenkelinnenfläche und in den Achselhöhlen in Form von roten Flecken.

Es tritt auch hier Juckreiz auf, und es bilden sich kleine Knoten. Eine Selbstbehandlung sollte man unterlassen, der Tierarzt weiß da besser Bescheid.

Hüftgelenksdysplasie (HD)

Der Verband für Kleine Münsterländer Vorstehhunde e.V. gehörte zu den ersten Klubs im Jagdgebrauchshundeverband, der in die systematische Überwachung von HD in der Population eingestiegen ist.

Bei Hunderassen, die auf ausdauerndes Laufen gezüchtet sind, ist das Hüftgelenk so ausgebildet, dass der Kopf des Oberschenkels straff in der Beckenpfanne sitzt. Bei vielen Hunderassen beobachtet man bei einer Anzahl eine ein- oder beidseitige Entwicklungsanomalie des Hüftgelenks. Man sieht dann auf einem Röntgenbild eine schlechte Anpassung des Oberschenkelkopfes an die Beckenpfanne. Meistens ist die Beckenpfanne zu flach. Durch diese Fehlstellung kommt es bei einem betroffenen Hund im Laufe seines Lebens zu Reizzuständen innerhalb des Gelenkes mit Gewebeveränderungen bis zu einer chronischen Gelenksveränderung, das heißt einer Arthrose. In der Folge treten dann Bewegungseinschränkungen auf.

Die als Hüftgelenksdysplasie bezeichnete Anomalie des Hüftgelenks muss deshalb beim Kleinen Münsterländer, dessen Arbeit überwiegend auch durch schnelle Bewegung gekennzeichnet ist, als ernst zu nehmende Krankheit angesehen werden.

KRANKHEITEN ERKENNEN UND VORBEUGEN

Der Verband für Kleine Münsterländer Vorstehhunde e.V. versucht daher in hohem Maße, die Hundebesitzer davon zu überzeugen, dass das Röntgen auch eine Fürsorgefunktion für den Kleinen Münsterländer darstellt, um ihm, sollten tatsächlich HD-Probleme auftreten, eine unzumutbare Belastung zu ersparen.

Vor allem ist es wichtig, von HD betroffene Hunde aus der Zucht auszuschließen, da die Erkrankung zum Teil auch erblich ist. So heißt es in der Prüfungsordnung des Verbandes für Kleine Münsterländer Vorstehhunde e.V.: »Bei allen Hunden, die neu zur Zucht eingesetzt werden, muss vor Zuchteinsatz der Nachweis erbracht werden, dass keine Hüftgelenksdysplasie leichten, mittleren und schweren Grades vorliegt. Ein Elternteil muss HD-frei sein. Der Nachweis ist im Alter von 12 Monaten durch eine Röntgenaufnahme zu erbringen, die durch eine vom Verband für Kleine Münsterländer Vorstehhunde e.V. bestimmte zentrale Auswertungsstelle begutachtet wurde. Die Aufnahme ist auf Grund eines vom zuständigen Zuchtwart zu beziehenden Röntgenbogens zu erstellen und einzureichen.«

Insgesamt ist die HD-Situation beim Kleinen Münsterländer glücklicherweise so, dass die Rasse zu einer mit den besten Werten gehört. Aus der Datenbank des Verbandes für Kleine Münsterländer Vorstehhunde e.V. geht hervor, dass derzeit 67,5% aller dort registrierten Hunde HD-frei sind, bei 28,4% handelt es sich um Grenzfälle. Nur bei 3,3% der Hunde wurde eine leichte und bei nur 0,8% eine mittlere HD festgestellt. Schwere HD kam nicht vor. Hier zeigt sich, dass die Selektion auf Leistung und Gebrauchsfähigkeit anstatt auf bloße Schönheit, die man über viele Generationen praktiziert hat, sich auszahlt - auch zum Wohle der Hunde!

DAS GEBISS

Das normale Gebiss eines Kleinen Münsterländers hat 42 Zähne, es besteht aus zwölf Schneidezähnen, vier Haken- oder Fangzähnen und 26 Backenzähnen. Die Anzahl der Backenzähne kann unterschiedlich sein.

Scherengebiss: Das Scherengebiss ist der Idealzustand. Es handelt sich hier um eine unterschiedliche Winkelstellung der Zähne, das heißt, die Schneidezähne des Unterkiefers sollten etwas hinter denjenigen des Oberkiefers zu stehen kommen, sodass die Zahnreihen von Ober- und Unterkiefer scherenartig ineinander greifen. Beide Zahnreihen müssen miteinander in Reibung stehen.

Zangengebiss: Von einem Zangengebiss spricht man, wenn die Schneidekanten der beiden Schneidezahnreihen genau aufeinander stehen.

Rückbiss: Rückbiss oder auch »Überbeißer« genannt ist ein schwerer Fehler. Die Schneidezähne des Unterkiefers stehen hierbei deutlich hinter denen des Oberkiefers zurück.

Vorbiss: Beim Vorbiss, auch »Unterbeißer« genannt, stehen die Schneidezähne des Unterkiefers vor denen des Oberkiefers. Auch mit einem solchen Gebiss wird der Hund zur Zucht nicht zugelassen. Er erhält auf Zuchtschauen oder Ausstellungen genau wie der Überbeißer keinen Formwert.

Kreuzgebiss: Beim Kreuzgebiss liegen die Schneidezähne des Unterkiefers auf der einen Seite vor denen des Oberkiefers, auf der anderen Seite hinter den Schneidezähnen des Oberkiefers. Auch bei dieser Zahnstellung wird keine Genehmigung für die Zucht erteilt.

DER KLEINE MÜNSTERLÄNDER IN KÄLTE, NÄSSE UND HITZE

Auch der Kleine Münsterländer verfügt über viele natürliche Abwehrkräfte, um sich gegen alle Witterungseinflüsse zu schützen. Der Hund, der viel im Freien gehalten wird, bekommt sein Winterhaar von selbst. Der Winterpelz garantiert ihm ein ausreichendes Luftpolster über der Haut, damit er nicht friert. Trockene Kälte macht ihm auch bei Minusgraden nichts aus, es sei denn, es weht ein scharfer Wind und der Hund bewegt sich wenig, sondern muss irgendwo angeleint oder abgelegt warten. Hier sollte für ein windgeschütztes Plätzchen, eine isolierende Unterlage und möglichst viel Bewegung gesorgt werden.

Ganz anders verhält es sich, wenn der Hund bei kaltem Wetter nass geworden ist. Dann muss der Hundehalter dafür sorgen, dass der Hund trocken gerieben wird oder sich trocken läuft. Hier ist zu unterscheiden, ob unser Münsterländer nur oberflächlich nass geworden ist, das macht ihm meistens nichts aus, oder ob er sozusagen bis auf die Haut durchgeweicht ist. In dem Fall muss alles getan werden, um unseren Jagdgefährten vor einer Erkältung zu schützen.

Als eine manchmal unangenehme Witterungsart haben wir die sommerliche Hitze. Der Hundehalter kann oft beobachten, dass sein Hund weitaus mehr leidet als er selbst. Hohe Temperaturen bedeuten für ihn eine Qual, er »schwitzt«, indem er die

KRANKHEITEN ERKENNEN UND VORBEUGEN

Spaß im Schnee. Foto: Andrea Freiin von Buddenbrock

Zuge heraushängt und hechelt und er sucht sich nicht nur einen schattigen Platz, sondern er hält auch Ausschau nach einem kühlen Untergrund. Wenn es möglich ist, dann säuft er sich den Bauch voll, ohne dass es ihm besser wird. Oft ist es so, dass bei einer Feldjagd gute Hunde in der Hitze schon nach zwanzig Minuten fix und fertig sind, die gleichen Hunde dagegen steckten dann im Spätherbst nach einigen Stunden noch nicht auf.

Es soll auch Hundebesitzer geben, die sperren ihren Hund bei großer Hitze ins Auto und sind der Meinung, dass es genug sei, wenn sie das Fenster einem Spalt breit offen lassen. Es wurde schon mehrfach gesagt - dieser Leichtsinn kann tödlich enden!

WIE HALTE ICH EINEN ALT GEWORDENEN KLEINEN MÜNSTERLÄNDER LEISTUNGSFÄHIG?

Um es vorweg zu nehmen: Eines der besten Mittel ist, den Hund in seinen jungen Jahren ordentlich zu halten und zu pflegen. Das erspart im Alter viel Kummer und Verdruss. Dasselbe gilt ja auch für den Hundehalter, warum nicht für seinen Hund? Im Vergleich zu einem Menschenleben ist ein Hundeleben ohnehin viel zu kurz. So ungefähr im Alter zwischen neun und elf Jahren merken wir, dass unser treuer Begleiter, von dem wir in seinem bisherigen Leben allerhand verlangt haben, in seiner Leistung nachlässt. Wenn er dann in jungen Jahren nicht ordentlich gehalten wurde, dann rächt sich das spätestens zu diesem Zeitpunkt.

Bei vielen Münsterländern kann man feststellen, das sie so um das fünfte oder auch sechste Lebensjahr anders geworden sind, vielleicht klüger, reifer oder auch erfahrener. Ich meine, dass er erst ab diesem Zeitpunkt zum hundertprozentigen Jagdgefährten wird. Wie gesagt

Der Jäger hat fünf Jahre einen jungen Hund,
fünf Jahre einen guten Hund
und fünf Jahre einen alten Hund.

Wenn ein Kleiner Münsterländer in seinen besten Jahren losgeschickt wird, um einen geflügelten Fasan zu bringen, nach einer halben Stunde noch nicht wieder zurück ist und all die lieben Jagdgenossen zu lästern anfangen, »der hat den Fasan schon längst gefressen« und der Hund dann plötzlich ankommt, mit dem Fasan im Fang, ordentlich Platz geht und den Vogel ausgibt, dann meine ich, wollte er mit seinem Blick zu mir sagen, »denen haben wir es wieder einmal ordentlich gezeigt«. So etwas macht einen doch stolz, oder nicht?

Sollte der Hund dann einmal, in seinem fortgeschrittenen Alter, nicht mehr alles so hundertprozentig machen, wie wir es gewohnt waren, dann sollte man ihm das, im Hinblick auf die herrlichen Erlebnisse, die man mit ihm gehabt hat, schon durchgehen lassen.

LEBENSDAUER DES KLEINEN MÜNSTERLÄNDERS

Wer sich einen Kleiner Münsterländer anschaffen will, der stellt sich auch die Frage, wie alt der Hund eigentlich werden kann. Über das Alter, das der Kleine Münsterländer erreichen kann, gibt es unterschiedliche Meinungen. Die einen denken zwölf bis fünfzehn Jahre wäre das höchstmögliche Alter, aber selbst zwanzigjährige Hunde kann es geben. Beim Kleinen Münsterländer kann es vorkommen, dass er ein Alter von sieben bis neun Jahre nicht überlebt, andere wiederum werden uralt. Wie bei uns Menschen gibt es Stämme, die dafür bekannt sind, dass sie sehr alt werden, während andere durch ein sehr kurzes Leben auffallen.

KRANKHEITEN ERKENNEN UND VORBEUGEN

Ein Familienausflug. Foto: Herbert Fiebak

Entscheidend für die Lebensdauer ist neben anderen Dingen die Aufzucht, die so angelegt werden muss, dass die in unserem Hund vorhandenen körperlichen und geistigen Veranlagungen geweckt werden. Was hier versäumt wurde, kann in späterer Zeit nie mehr aufgeholt werden. Richtig aufgezogene Kleine Münsterländer, die bereits im Welpenalter richtig gefüttert wurden, denen Mineralstoffe zugeführt wurden, welche der Körper für den Aufbau, zum Beispiel für das Knochengerüst, braucht und die in vernünftigem Maße viel Bewegung bekommen haben, werden im Alter den negativen Einflüssen robuster gegenüberstehen.

Hunde, die mit allerlei Zeugs und Süßigkeiten vollgestopft werden und nur faul auf dem Sofa liegen, und wenn sie ab und zu auf die Straße geführt werden, gleich ein Mäntelchen angezogen bekommen, werden mit Sicherheit nicht alt werden.

Immer wieder wird die Frage gestellt, ob ein Rüde oder eine Hündin älter wird. Auch hier gibt es keine Norm, beide können das gleiche Alter erreichen. Ein Rüde der übermäßig strapaziert wird oder eine Hündin, der pro Jahr zwei Würfe zugemutet werden, altern selbstverständlich früher. Genau wie bei uns Menschen, so auch bei unserem Kleinen Münsterländer gilt die Devise: Vernünftig gelebt, länger gelebt. Im

Gegensatz zu uns, die wir unser Leben selbst gestalten können, braucht der Kleine Münsterländer unsere Hilfe, und die sollten wir ihm geben, denn wir wollen ja eine lange Zeit mit ihm zusammenleben.

WENN ES ZU ENDE GEHT
Einmal kommt der Zeitpunkt, an dem es Abschied nehmen heißt. Die Natur hat es leider so eingerichtet, dass unser Kleiner Münsterländer eine fünfmal kürzere Lebenserwartung hat als wir Menschen.

Da ist das menschliche Wesen noch nicht einmal dem Kindesalter entwachsen, ist unser Kleiner Münsterländer schon in hohem Alter.

Es gibt Menschen, die sich gerade wegen der frühen Trennung und der damit verbundenen Trauer keinen Hund anschaffen. Über diesen Standpunkt kann man streiten, denn es ist ein unabänderliches Gesetz, dass im menschlichen Leben Freude mit Leid bezahlt werden muss.

Manche schaffen sich sofort wieder einen »neuen« Kleinen Münsterländer an und müssen dann erleben, dass der Neue doch eine ganz andere Persönlichkeit ist wie der vorherige. Und das ist auch richtig und gut so! Es wäre dem »Neuen« gegenüber nicht gerecht, ihn ständig mit seinem Vorgänger zu vergleichen und ihn an diesem zu messen.

Wenn es also eines Tages soweit ist, dass unser Kleiner Münsterländer trotz guter Pflege und trotz eines guten Zusammenlebens aus Altersschwäche oder wegen einer Krankheit seine Familie verlassen muss, dann ist eine humane Tötung angebracht, denn derjenige, der seinen Vierbeiner irgendwelchen gewissenlosen Gesellen überlässt, nur weil er nicht dabei sein will, der versündigt sich an der Kreatur.

Der humanste Weg ist der Gang zum Tierarzt oder noch besser, wenn es machbar ist, ein Besuch des Tierarztes zuhause in vertrauter Umgebung. Der schläfert ihn zuerst ein und gibt ihm dann eine weitere Spritze, von der unser Hund nichts spürt.

Aber bis es soweit ist, werden wir noch viel herrliche Stunden mit unserem Kleinen Münsterländer erleben.

Kapitel 13

DER KLEINE MÜNSTERLÄNDER IN DER FAMILIE

Wenn der Welpe ins Haus kommt und langsam heranwächst, dann werden sich zwischen ihm und »seiner« Familie Beziehungen bilden, die je nach Person fester oder weniger fester sein werden.

Seine Hauptbezugsperson ist für den Hund die, die ihm nicht nur das Futter hinstellt, sondern die sich auch mit ihm eingehend beschäftigt, indem sie ihm z.B. etwas beibringt. Jeder Hund hat Respekt vor dem Menschen, der scheinbar in allen Situationen weiß, wo es langgeht.

In den meisten Fällen ist es so, dass sich im Verhältnis zu den übrigen Familienangehörigen eine gewisse Rangordnung entwickelt. Da unser Kleiner Münsterländer ein schlauer Hund ist, wird das Verhältnis zu den Kindern schon etwas komplizierter, denn er weiß genau, wem er gehorchen muss und wem nicht. Man kann es unserem Münsterländer direkt ansehen, wie schwer es ihm fällt, einen Befehl auszuführen, den er von einer Person erhält, der er nicht unbedingt folgen muss. Das Verhältnis des Kleinen Münsterländers zu den Kindern des Hauses ist ein besonderes Kapitel.

Ein »prächtiges Paar«.
Foto: E. F. Bauer

DER KLEINE MÜNSTERLÄNDER UND KINDER

Ganze Bücher könnten über das Verhältnis Kind und Hund geschrieben werden, denn die Gefühle des Hundes gegenüber einem Kind sind überaus vielfältig.

Zuerst erwacht ein gewisser Schutztrieb. Wir hatten eine Hündin, die unsere Kinder regelrecht bewachte, kein Fremder durfte auch nur in die Nähe kommen.

Bei Fraule in bester Obhut. Foto: Herbert Fiebak

Wir kamen eines Tages in die Küche und fanden unsere Tochter bäuchlings auf dem Fußboden: Gemeinsam mit unserem Rüden hatte sie aus der Wasserschüssel getrunken, und zwar genau wie der Hund - das Wasser wurde mit blitzschnellen Bewegungen der Zunge aufgenommen.

Grundsätzlich sollte man aber kleine Kinder und Hunde nie ohne Aufsicht alleine lassen. Schnell können ganz ungewollt gefährliche Situationen entstehen, wenn z.B. das Kind dem Hund ein Spielzeug abzunehmen versucht. Auch sollte man den Kindern beizeiten erklären, dass ein lebendiger Hund kein Stofftier ist und dass man

Foto: Andrea Freiin von Buddenbrock

DER KLEINE MÜNSTERLÄNDER IN DER FAMILIE

Zwei, die sich gut verstehen. Foto: Johannes Edert

ihn trotz aller Freude am Spiel nicht zu sehr überstrapazieren darf.

An den Ohren ziehen gibt es nicht, und auch wenn der Hund seine Ruhe haben möchte und sich zurückzieht, muss das respektiert werden. Wenn man den Kindern schon früh verständlich macht, dass die ganze Familie auch die Verantwortung für das Wohlergehen dieses Lebewesens hat und sie darin mit einbezieht, lernen sie gleich eine wichtige Lektion fürs Leben!

Mit großer Anhänglichkeit und unbändiger Treue beschenkt unser Hund die Menschen, und für alle diese Geschenke verlangt er nur einen entsprechenden Platz innerhalb der Familie.

Die Jugend unter sich. Foto: Herbert Fiebak

Kapitel 14

UNERWÜNSCHTES VERHALTEN

DER FAHRRADHETZER

Meistens kommt es im so genannten »Lausbubenalter« von etwa sechs bis acht Monaten vor, dass unser junger Hund jedem Radfahrer laut bellend hinterher hetzt. Wenn er dabei auch noch versucht, an die Hosenbeine zu kommen oder gar in die Waden beißt, dann kann es für den Radfahrer gefährlich werden und für uns, als Besitzer des Kleinen Münsterländers, sehr teuer.

Das Verhalten ist, besonders wenn der Hund es schon mehrmals gezeigt hat, nicht ganz leicht unter Kontrolle zu bringen, weil der Hund ja aus seiner Sicht jedesmal Erfolg hat: Der Fahrradfahrer fährt weiter, also ist der Hund der Meinung, ihn erfolgreich verjagt zu haben. (Das gleiche Prinzip gilt übrigens für den Briefträger). Die Motivation, das Verhalten zu wiederholen, ist für den Hund also hoch. Außerdem zählt das Jagen zu den so genannten »selbst belohnenden« Verhaltensweisen, das heißt der Hund braucht keinen zusätzlichen Anreiz in Form einer Belohnung, um hoch motiviert zu sein - die Handlung des Jagens an sich stellt schon für ihn eine hohe Befriedigung und Belohnung dar. Umso mehr für einen Jagdhund!

Auf jeden Fall ist es grundverkehrt, den Hund nach seiner Rückkehr zu bestrafen, weil er nicht begreift, warum er eine Strafe erhält. Diese muss an Ort und Stelle, also bei frischer Tat erfolgen. Dabei kann man folgendermaßen vorgehen:

Man bittet einen Bekannten, am Zaun vorbeizufahren, der Hund wird, wie immer, mit der Hetzerei beginnen. Sobald er zum Jagen ansetzt, werfen Sie eine mit Kieselsteinen gefüllte und verschlossene Getränkedose laut scheppernd direkt hinter ihm auf den Boden. Er wird sich überrascht und erschreckt umdrehen, und genau in diesem Moment müssen Sie ihn zu sich rufen und freudig loben. Diese Methode hat den großen Vorteil, dass der Hund die Strafe als »anonym« empfindet, sie kommt sozusagen aus heiterem Himmel und wird nicht mit Ihnen als Hundeführer in Verbindung gebracht. Das hat eine wesentlich stärkere Wirkung auf den Hund, denn wenn er weiß, dass nur Sie es sind, der ihn für das Jagen bestraft, wird er das Verhalten trotzdem zeigen, wenn Sie einmal nicht da sind.

Besser als jeder Korrekturversuch ist es aber, das Problem schon im Entstehen zu verhindern. Zeigt der Junghund auch nur geringste Ansätze, einem Jogger oder Radfahrer hinterher zu jagen (und sei es nur ein aufmerksames Schauen in dessen Richtung und Anspannen der Körpermuskulatur), hat der Hundeführer sofort »Sitz« oder »Down« zu befehlen und den Hund für die Ausführung des Kommandos freudig zu loben. Und das konsequent! Viele Hundeschulen und Buchautoren empfehlen, den Hund bei Jagdversuchen mit Spielzeug oder Bällen abzulenken, damit er lernen soll, dass es sich mehr lohnt, auf den Hundeführer zu achten anstatt dem Wild hinterher zu hetzen. Leider funktioniert diese Methode bei Jagdhunden überhaupt nicht, das Bällchen ist ihnen herzlich egal, wenn sie erst einmal Witterung in der Nase haben! Das einzige Heilmittel ist konsequente Erziehung und kompromissloses Befolgen der Kommandos »Hier« und »Down«. Wie bei allen anderen Fragen der Hundeerziehung auch ist Konsequenz - nicht zu verwechseln mit Härte - das Wichtigste überhaupt. Gefordert ist auch die Aufmerksamkeit des Hundeführers, damit er möglichst schon die Ansätze von unerwünschtem Jagdverhalten unterbinden kann und nicht erst pfeifen muss, wenn der Hund schon im Wald verschwunden ist.

DER HAUSGEFLÜGEL-JÄGER

Jagdhunde, zu denen bekanntlich auch unser Kleiner Münsterländer gehört, haben nun einmal einen starken Jagdtrieb, und das ist auch gut so. Unser Hund wird daher aber leider auch, und das schon im Welpenalter, nicht vor Hühnern und ähnlichem Getier halt machen. Zuerst ist das nur ein Hinprellen, es ist ja auch etwas Lustiges, wenn das ganze Volk laut gackernd auseinander rennt. Wenn es aber an die besten Legehühner des Nachbarn geht, dann wird es ernst. Bekanntlich war es immer die beste Eierproduzentin, die er abgemurkst hat. Wie beim Fahrradhetzen gilt auch hier: Lassen Sie es gar nicht erst so weit kommen! Schon dem Junghund muss auch das »lustige« und harmlose Aufscheuchen der Tiere strengstens untersagt werden. Sobald der Junghund das unerlässliche Kommando »Down« beherrscht, sollte man auch gezielt mit dem Üben unter Verleitungen - wie eben Federvieh - beginnen. Vielleicht haben Sie die Möglichkeit, mit angeleintem Junghund einmal ein Hühnergatter von innen zu besuchen. Hier lernt der Hund, die Tiere zu beobachten und in Ruhe zu lassen. Lassen Sie ihn zunächst alles in Sitzstellung betrachten und dann mitten in der Geflügelschar »Down« machen und sich bis auf Ihr auflösendes Kommando nicht zu mucksen - wofür ihm natürlich anschließend ein großes Lob zuteil wird. Machen Sie es ihm am Anfang nicht zu schwer durch zu langes Abliegen und gehen Sie vor allen Dingen mit Ihrem Lob nicht sparsam um!

Hat der Hund erst einmal Erfolg gehabt und tatsächlich Beute gemacht, also eine Henne erlegt, hat er eine große Bestätigung erfahren und die Korrektur ist sehr viel schwieriger. Nur wirklich harte Methoden wie Elektroschocker - deren Einsatz nur unter Aufsicht von Profis durchgeführt werden sollte - können dann noch helfen. Aber so weit wollen wir es ja gar nicht erst kommen lassen!

DER STREUNER

Schon seit mehreren Stunden ist er überfällig, unser bestens abgerichteter Kleiner Münsterländer, nichts konnte ihn im Haus halten. Der Duft eines Misthaufens, einer Abfallgrube oder gar einer läufigen Hündin war einfach stärker.

Wer hat das nicht schon erlebt, wenn er dann nach Hause kommt, voller Schuldgefühle, einen fürchterlichen Gestank um sich verbreitend und trotzdem versucht er es nach einiger Zeit wieder. Um unserem Hund das abzugewöhnen, hilft nur gerechte, aber milde Strenge, denn erst muss man ihn einmal erwischen.

Man kann den Hund genau beobachten, wenn er auf »Pirsch« gehen will, draußen lockt ein anderer Hund, eine Möglichkeit, durch den Zaun zu kommen, ist schnell gefunden, und schon ist er über alle Berge. Ein paar kleine Kieselsteine wirken Wunder, wenn sie plötzlich auf seinem Fell landen. Das Kommando »Pfui, was ist das!« wird ihn zurückbringen. Wenn er dann auch noch gelobt wird, umso besser. Unser Kleiner Münsterländer wird bald merken, dass er außerhalb des Zaunes nichts Gutes zu erwarten hat und sich das wahre Paradies nur innerhalb des Zaunes auftut.

Grundsätzlich sollten natürlich Garten oder Zwingerauslauf ausbruchssicher umzäunt sein, sodass der Hund keinerlei Gelegenheit zum Ausbüchsen hat.

DER GRAS- UND KOTFRESSER

Wenn unser Kleiner Münsterländer Gras und Kot frisst, dann hat das durchaus nichts damit zu tun, dass es in Kürze regnet, wie unsere Altvorderen meinten. Der Hund benötigt geringe Mengen an Gras tatsächlich zur Verdauung, das Grasfressen ist also etwas völlig Normales und sollte nicht unterbunden werden.

Auch Kotfressen ist eigentlich etwas recht Normales. Für den Hund ist es eine Nahrungsergänzung zum Fleisch, die er instinktiv zu sich nimmt. Besonders trifft das für Junghunde zu, die neugierig die Welt erkunden und erst noch lernen müssen, was man fressen kann.

Oft wird Nährstoffmangel als Ursache für das Kotfressen angeführt, ob das stimmt, ist aber bis jetzt nicht bewiesen. Leider ist es nicht immer einfach, dem Hund dieses Verhalten abzugewöhnen.

Der Kot von Pflanzenfressern wie Pferden oder Kühen ist für Hunde besonders attraktiv, sie betrachten ihn als Nahrungsergänzung. Wölfe haben kein Problem damit, größere Mengen von Elch- oder Hirschlosung (oder der anderer Tiere) zu verzehren und damit ihren Nährstoffbedarf zu decken. Sie können pflanzliches Material nicht so vollständig verdauen wie ein Pflanzenfresser, weshalb das Fressen von vorverdautem Pflanzenmaterial ein Weg ist, zu den benötigten Nährstoffen zu gelangen. Ein Raubtier in der freien Natur frisst auch zuerst den vergorenen Mageninhalt des getöteten Tieres. Es ist kein Zufall, dass unser Kleiner Münsterländer nichts lieber frisst als einen nur umgedrehten Pansen von einem frisch erlegten Reh. Auch der Rinderblättermagen von einer Kuh ist eine Delikatesse für unseren Hund.

Eine andere Sache ist es, wenn Hunde ihren eigenen Kot zu fressen beginnen. Bei im Zwinger gehaltenen Junghunden ist manchmal reine Langeweile die Ursache, warum sie damit anfangen. Die beste Vorbeugung ist also: Zwinger sauberhalten und dem Hund Abwechslung, z.B. in Form von Kauspielzeug, bieten.

Wenn ein erwachsener Hund mit dem Fressen des eigenen Kotes beginnt und die Erscheinung nicht nur vorübergehender Natur ist, sollte der Tierarzt abklären, ob eine organische Ursache zugrunde liegt.

Außerdem wälzen alle Hund sich leidenschaftlich gerne im Kot oder Unrat. Kein Wissenschaftler hat bis heute herausgebracht, warum das der Fall ist. Man nimmt an, dass der Hund mit dem Wälzen im Kot instinktiv seinen Eigengeruch überdecken möchte, was ihm in freier Wildbahn bei der Jagd sehr hilfreich sein würde. Auch hier hilft nur konsequentes Unterordnungstraining - »Sitz« oder »Down«, sobald der Hund sich zum Wälzen anschickt, und anschließendes ausgiebiges Loben für den

Gehorsam. Waren Sie doch einmal unachtsam und der Hund hat sich bereits »parfümiert«, dann hilft kein Schimpfen und Strafen, sondern nur noch ein ausgiebiges Bad und das nächste Mal früher reagieren!

DER RAUFER
Bei allen Gelegenheiten kann immer wieder beobachtet werden, dass Hunde dabei sind, die mit dem Raufen beginnen, sobald ein anderer Artgenosse auch nur in die Nähe kommt.

Die Ursachen für eine solche Aggression können sehr unterschiedlich sein und müssen immer im Einzelfall betrachtet werden, denn was bei dem einen Hund als Korrektur hilft, kann beim nächsten schon grundfalsch sein. Es gibt Hunde, die aus Unsicherheit oder Angst sozusagen vorbeugend angreifen (die berühmten »Angstbeißer«) und solche, die übersteigert dominant sind. Oft bringen die Besitzer ihren Hunden das Raufen aber auch regelrecht bei, indem sie bei jeder Begegnung mit fremden Hunden schon aus Angst, dass etwas passieren kann, die Leine kürzer nehmen und beruhigend auf den Hund einreden. Das signalisiert dem Hund ganz klar, dass fremde Hunde gefährlich sind und Grund zur besonderen Aufmerksamkeit!

Am häufigsten sind aber Mängel in der Sozialisationsphase der Grund für das spätere aggressive Verhalten gegen Artgenossen. Der Junghund muss früh mit anderen Hunden jeden Alters in Kontakt kommen und spielerisch den richtigen Umgang mit ihnen lernen, dann ist er auch später problemlos.

Foto: Andrea Freiin von Buddenbrock

Die beste Methode gegen schon bestehende Rauflust ist ein kraftraubendes Laufpensum. Wenn dem Übeltäter dann die Zunge bis zum Boden hängt, wird er sich sehr wohl überlegen, ob er noch ein »Gefecht« anfangen will. Oft führen sich Rüden untereinander zwar stärker auf, meistens sind es aber nur Scheingefechte.

Kapitel 15

RECHTLICHE FRAGEN

HUNDEHALTUNG UND MIETRECHT

Da unser Kleiner Münsterländer aufgrund seiner Größe und seines Wesen als »wohnungs- und stadttauglich« angesehen werden kann, soll auch dieses Thema behandelt werden.

In jedem Land ist das Mietrecht anders. Die einen Länder sind großzügiger, andere wieder nehmen es sehr genau. Es kann daher an dieser Stelle nur eine Empfehlung abgegeben werden. Meistens ist es so, dass für die Genehmigung zur Haltung eines Hundes die Genehmigung des Vermieters oder Hausbesitzers eingeholt werden muss. Wenn der Hundehalter das nicht tut, gibt es mit Sicherheit Ärger, hat sich der Mieter trotz Verbotes einen Hund angeschafft, dann wird in der Regel der Vermieter vor Gericht Recht bekommen, umso mehr, wenn die Hundehaltung erst kurze Zeit besteht. Wenn der Vermieter trotz Verbotes für einen längeren Zeitraum das Halten eines Hundes geduldet hat, dann ist von einer stillschweigenden Genehmigung auszugehen, und der Vermieter wird sich mit einem plötzlichen Verbot mit Sicherheit schwerer tun.

Es kommen auch Fälle vor, in denen sich der Mieter einen Hund aus beruflichen Gründen halten muss. In so einem Fall wird sich der Vermieter mit einem kurzfristigen Verbot überhaupt schwer tun.

Es ist also in jedem Fall ratsam, von Anfang an für klare Verhältnisse zu sorgen und in einen Mietvertrag die Genehmigung zur Hundehaltung von Anfang an festlegen zu lassen.

Tipp zum Weiterlesen: F. und J. Wienzeck, Hunde im Paragraphendschungel, Kynos Verlag, Mürlenbach.

HUNDEVERSICHERUNG UND HAFTPFLICHT

Jeder Hundebesitzer haftet grundsätzlich für jeden Schaden, den sein Hund anrichtet. Es gibt Ausnahmen, wenn eine fremde Person den Hund zum Beispiel reizt oder gar schlägt. Vorausgesetzt, dass der Hund durch seinen Besitzer beaufsichtigt war. So etwas ist aber im Zweifelsfall später ohne Zeugen immer sehr schwer nachzuweisen! Sollte der Hund auf der Straße frei laufen und jemand angreifen oder auch nur zu Fall bringen, weil er ihm vor die Füße gesprungen ist, dann haftet der Besitzer. Es ist deshalb jeder Hundehalter gut beraten, wenn er eine Haftpflichtversicherung abschließt. Mit einer derartigen Versicherung ist jedoch der Schaden, den der Hund selbst erleidet, nicht abgedeckt. Dazu ist eine gesonderte Tierversicherung notwendig.

Grundsätzlich sollte der Hundehalter mehrere Versicherungen konsultieren, bevor er irgendwelche Versicherungen abschließt, denn meistens bestehen sowohl in der Beitragsgestaltung wie auch in der Höhe der Regulierungssummen große Unterschiede.

ANHANG

»MORITZ« - EIN JAGDERLEBNIS

Beim Abdrücken und mit dem Knall merkte ich bereits, dass die Kugel etwas zu weit hinten gefasst hatte, denn nach einem kurzen Zusammenzucken zog sich der ziemlich kranke Bock mit krummem Rücken ganz langsam in die hinter ihm liegende Dickung. Zugegeben, es war schon sehr weit gewesen, doch der angestrichen abgegebene Schuss hätte besser sitzen müssen. Eine Stunde ließ ich vergehen, dann ging ich zum Anschuss. Auf dem regennassen Weg fand ich winzige Leberteilchen, aber keinen Schweiß.

Eigentlich hätte meine Kugel mit ihrer Auftreffwucht den Bock zum Verenden bringen müssen. Jedenfalls schien es mir zur Nachsuche noch zu früh, und der wieder einsetzende Nieselregen ließ es nicht ratsam erscheinen, in der undurchdringlichen und keinerlei Durchblick bietenden Dickung auf gut Glück herumzusuchen.

Also fuhr ich erst einmal nach Hause, sah meinen Moritz an, einen Kleinen Münsterländer-Rüden, der damals gerade sieben Monate alt war, und zweifelte ein wenig, weil ich ihm eine derartige Nachsuche noch nicht zutraute. Trotzdem war er im Moment meine einzige Hilfe. Ich packte also den Schweißriemen samt Halsung ein und fuhr mit Moritz wieder zurück zum Anschuss. Ich wollte ihn zur Fährte legen,

ANHANG

»Moritz« - ein Charakterkopf. Foto: E. F. Bauer

aber zunächst zerrte mein Kleiner und wollte wieder zurück in Richtung Auto, denn das Wetter war nicht dazu angetan, im Freien zu arbeiten.

Nach gutem Zureden suchte er endlich ein wenig umher, fand den Anschuss und auch die Leberstückchen, ohne aber die Fährte aufzunehmen. Endlich nahm er mit tiefer Nase, doch immer noch zögerlich, die Fährte an.

»Such verwund, mein Hund!« - das war für ihn ein vollkommen neues Kommando. So begann aneifernd und lockend der erste »Schweißunterricht« für den noch sehr jungen Hund.

Dass er eine gute Nase hatte, wusste ich, und plötzlich schien er begriffen zu haben, worum es hier ging, denn er zog auf einmal fünf Meter geradeaus, um dann rechts abzubiegen. Ich war schon etwas misstrauisch, aber getreu dem Grundsatz: »Der Hund hat meistens recht« ließ ich ihn gewähren. Dann kam ein scharfer Linkshaken, und ich hatte wieder meine Zweifel. Als ich mich durch das Unterholz durchgekämpft hatte, bemerkte ich, wie er von einem kleinen Zweig etwas Schweiß ableckte. Von da an verließ ich mich vollkommen auf den jungen Hund.

Bald wurde auch die straffe Leine locker, und ich hörte im Unterholz ein Knurren und Zerren. Dem anfänglichen Winseln folgte ein böses Knurren, das schließlich in ein mordsmäßiges Lautgeben überging. Mein Moritz konnte seine Freude an der ersten gelungenen Schweißarbeit nicht verbergen, und ich erst!

Diese Zusammenarbeit sollte eine sehr lange und erfolgreiche werden. Der Kleine Münsterländer-Rüde stellte sich als ein Naturtalent heraus. Er war in allen Belangen, ob im Feld, im Wasser oder bei der Waldjagd, einsame Spitze.

Als er dann im Alter von vierzehn Jahren in die ewigen Jagdgründe abgerufen wurde, war die Trauer in unserer Familie unendlich groß.

Vater und Tochter.
Foto: Uta Schumann

JÄGERSPRACHE UND ANDERE FACHBEGRIFFE: KLEINES ABC

Anzeigen: Der Hund zeigt an (auch markieren oder pointieren), wenn er durch seine Haltung und/oder sein Benehmen angibt, dass er Wild gerochen hat und vorsteht.
Aufnehmen: 1. Der Hund wittert eine Wildfährte und nimmt diese auf. 2. Der Hund nimmt den Apportierbock oder das geschossene Wild auf, um diesen/dieses zu apportieren. 3. Eine Hündin hat aufgenommen, wenn sie nach dem Decken trächtig wird. 4. Ein Hund wird von einer Schweißfährte abgetragen und aufgenommen.
Beäugen: Das Sehen oder Beobachten des Hundes. Der Hund beäugt z.B. den Jäger oder das Wild. Beäugen nennt man auch die Unart des Hundes, nicht mit der Nase, sondern mit den Augen zu suchen.
Chorea (wörtlich Tanz): Das krampfhafte Zucken eines Muskels oder einer Gruppe von Muskeln, zum Beispiel bei der Staupe.
Cobby (engl.): Ein Hund mit kurzem und gedrungenen Körperbau, quadratisch, bei dem die Rumpflänge der Höhe der Schultern entspricht.
Decken: 1. Die Paarung, die Hündin wird vom Deckrüden gedeckt. 2. Wenn Hetzhunde zum Beispiel Schwarzwild anfallen oder packen oder wenn Windhunde einen Hasen fangen, sagt der Jäger, »sie decken ihn« oder »bedecken ihn«.
Einkreisen: Tätigkeit eines Hühnerhundes, wenn er den vor sich laufenden Rebhühnern in einem Bogen den Weg abschneidet und sie von vorne auf den Jäger zutreibt oder zum Stillhalten bringt.
Einspringen: Der Vorstehhund springt ein, wenn er das Federwild zu früh heraußtößt. Eine Eigenschaft, die bei den Hundeführern nicht erwünscht ist. Ein guter Hund tut das ausschließlich auf Kommando seines Führers.
Fährtenrein: Fährtenrein sind Hunde, die einer kranken Fährte unentwegt folgen, sie von einer gesunden unterscheiden können und sich auch nicht durch andere Fährten, die die Wundfährte kreuzen, ablenken lassen.
Fahne: Verlängerte Haare an der Rute eines langhaarigen Hundes.
Falsche Hitze: Tritt bei Hormonstörungen auf. Eine Hündin lässt sich ohne weiteres decken es kann aber zu keiner Befruchtung kommen, da bei der falschen Hitze Ovulationen ausbleiben.
Genießen: Jagdhunde genießen (fressen) die inneren Organe, Geräusch und Gescheide des erlegten Wildes. Sie werden genossen gemacht. Vorsicht, das kann ganz schnell zum Anschneiden führen.
Geräusch: Herz, Lunge, Leber und Nieren des erlegten Wildes.
Gescheide: Magen und Darm des erlegten Wildes.
Hals geben: Anschlagen, Laut geben, bellen. Das Wort wird besonders bei Jagdhunden angewandt.

Hängen: 1. Wenn Hetzhunde das Wild, mit Ausnahme von Schwarzwild, stellen und packen, wenn sie daran hängen. 2. Das Verbundensein von Hunden, Wölfen und Füchsen beim Deckakt.

Hubertusklaue: Jägerausdruck für die After- oder Wolfskralle, die meist verkümmerte fünfte Zehe an der Innenseite der Hinterläufe des Hundes.

Impotenz: Die Unfähigkeit des Rüden, den Geschlechtsakt zu vollziehen. Impotenz kann bei normaler, verminderter oder fehlender Decklust vorkommen. Der Tierarzt kann durch die Verabreichung von Hormonpräparaten das Übel in vielen Fällen beseitigen. Neben dieser Art der Impotenz (coeundi) kennt man noch eine zweite Art, Igenerandi, die Unfähigkeit sich fortzupflanzen, bei der die Paarung zwar stattfindet, der Samen jedoch unfruchtbar ist.

Inkubationszeit: Zeitspanne zwischen dem Eindringen eines Krankheitserregers in den Organismus und dem Auftreten der ersten Krankheitserscheinungen.

Jagdhöcker: Stark entwickelter Hinterkopfknochen (Hinterhauptbein: Os Occiputale), der den Hund als einen guten Jäger kennzeichnen soll.

Jagdtrieb: 1. Jagdleidenschaft beim Hund. 2. Für die Jagd gebrauchte Brackenmeute.

Kalte Spur: Eine Wildfährte, die so alt ist, dass der Hund keinen Wind mehr von ihr bekommt und somit nicht mehr auf sie reagiert.

Kolostralmilch: Die Milch, die sich während der Trächtigkeit und in den ersten Tagen nach dem Werfen absondert. Sie enthält nicht nur zahlreiche Fett enthaltende Lymphzellen (Kolostrumkörperchen) sondern auch verschiedene Antikörper. Für die Welpen in den ersten Tagen sehr wichtig.

Lange Nase: Das Vermögen eines Hundes, Wild aus einer großen Entfernung zu riechen. Das Gegenteil ist eine kurze Nase.

Läuten: Auch »das Geläut«. Das nervöse, meist hohe Lautgeben des Hundes, wenn er Wild wahrnimmt. Besonders bei Spurlaut zu hören. Das Läuten lässt sich deutlich von dem normalen Bellen des Hundes unterscheiden.

Mangelkrankheiten: Eine Krankheit, die durch das Fehlen bestimmter Stoffe, meistens Vitamine, Mineralien und/oder Spurenelemente, verursacht wird. Rachitis und Skorbut sind Mangelkrankheiten.

Mutilieren: Beseitigung eines oder mehrerer Körperteile oder Teile von diesen, sei es durch einen Unfall oder mit Absicht. Auch das Verkleinern, was heutzutage verboten ist, der Ohrmuscheln und das Kürzen der Rute muss als Mutilation angesehen werden. Das gilt jedoch nicht für die Beseitigung der so genannten Hubertusklauen, da es für den Hund nur vorteilhaft sein kann. Andere Verstümmelungen, wie zum Beispiel Kastration des Rüden, schließen den Hund von allen Bewertungen und Prämierungen aus.

Nasenspiegel: Der feuchte, unbehaarte Teil der Oberlippe beim Hund und bei anderen Tieren. Bei den meisten Tieren muss er schwarz sein, obwohl bei einigen Haarfarben auch eine braune oder gar graue Nase zugelassen ist. Gefleckte Nasen, zum Beispiel schwarz und rosa, sowie fleischfarbene Nasenspiegel sind unerwünscht.

Oberländer-System: Der Deutsche Oberländer, eigtl. Carl Rehfus, brach als erster mit der so genannten Parforcedressur und entwickelte ein völlig neues System für die Abrichtung des

JÄGERSPRÄCHE UND ANDERE FACHBEGRIFFE

Vorstehhundes, das so genannte Oberländersystem.

Orientierungsvermögen: Es sind zahlreiche Fälle von Hunden bekannt, die als Erwachsene den Eigentümer wechselten, aber nach kürzerer oder längerer Zeit wieder bei ihrem vorherigen Besitzer auftauchten. Der Hund ist in der Lage, sich mit Hilfe seiner Sinne zu orientieren, im Hinblick auf den zurückgelegten Weg, oder hinsichtlich der besonderen Merkmale (Türme, Hügel), Geräusche (Turmglocken) oder Gerüche (Fabriken, Wasseroberflächen und so weiter). Aber auch Hunde, die zum Beispiel in einer verschlossenen Kiste per Bahn oder im Auto zur neuen Adresse, die von der alten weit entfernt liegt, transportiert werden, sind oft fähig, den Weg zurückzufinden.

Raubvogelauge: Das hell gefärbte, aufgrund der gelben Iris so auffallende Auge der Raubvögel, das jedoch bei fast allen Hunderassen unerwünscht ist.

Reinrassig: Reinrassig nennt man einen Hund, wenn er in einer bestimmten Anzahl von Generationen von Eltern abstammt, die zur gleichen Rasse gehören. Die Reinrassigkeit muss aus den zum Hund gehörenden Abstammungspapieren (Ahnentafel) ersichtlich sein. Der äußerlichen Erscheinung des Hundes kann man nicht mit Sicherheit entnehmen, ob er reinrassig ist oder nicht. Einige Kreuzungprodukte können dem Vater- oder Muttertier so stark ähneln, dass selbst erfahrenen Rassekennern bei der Klassifizierung Fehler unterlaufen.

Sattelrücken: Ein stark eingebuchteter Rücken aufgrund von Müdigkeit oder Missbildung (Lordose = Wirbelsäulenverkrümmung).

Scheinläufigkeit: Wenn Rüden sich bei einer Hündin so benehmen, als wäre diese läufig, obwohl das nicht der Fall ist, so können die inneren Geschlechtsorgane der Hündin entzündet sein. Derartige Entzündungen sind in den meisten Fällen sehr hartnäckig und schwer zu heilen. Wenn das der Fall ist, sofort einen Tierarzt aufsuchen.

Schlittenfahren: »Schlitten« fährt ein Hund, wenn er sich auf die Hinterkeulen setzt und dann mit den Vorderläufen als Antrieb auf dem Boden entlang rutscht. Der Hund will durch diese Bewegung ein lästiges Jucken am After los werden. Entweder hat er Würmer, oder, was noch wahrscheinlicher ist, eine Analbeutelentzündung. So etwas kann nur der Tierarzt feststellen, der auch dafür sorgt, dass diese Entzündung schnell verschwindet.

Passgang: Eine Art des Gehens, bei der sowohl beim Laufen als auch beim Gehen die beiden rechten und die beiden linken Läufe gleichzeitig nach vorne gebracht werden. Mit Ausnahme des Bobtails ist ein Passgang bei allen Hunderassen unerwünscht. Zahlreiche Schäfer- und besonders Viehtreiberhunden ist diese Art des Laufens, die sie sehr lange durchhalten können, von Natur aus eigen.

Pedant: Ein Jagdhund, der nicht ausreichend Feld nimmt, sondern während des Suchens zu dicht bei seinem Herrn und zu kurz unter dem Gewehr bleibt. In kleinen Jagdgebieten ist der Pedant jedoch wesentlich besser geeignet als ein weit flankierender Hund.

Plazenta: Die Nachgeburt. Beim Hund wird nach der Geburt eines jeden Welpen eine Plazenta ausgeschieden, die durch die Nabelschnur mit dem Jungen verbunden ist. Die meisten Hündinnen fressen nach dem Durchbeißen der Nabelschnur die Plazenta auf. Dies darf man ihnen nicht verbieten, da die Nachgeburt außer vielen konzentrierten Nährstoffen allem Anschein nach auch bestimmte Stoffe enthält, die die Milchausscheidung anregen und fördern.

Quacksalber: Quacksalber sind Personen, die meistens nutzlose Präparate an den Mann bringen wollen. Sie erwecken Hoffnungen, die eine oder andere Krankheit beim Hund heilen zu können, oder irgendwelche Mittelchen anbieten, die zu einer Heilung beitragen sollen. Oft geben sie sich auch als Tierärzte aus. Wer also Probleme mit seinem Hund hinsichtlich seiner Gesundheit hat, sollte sich besser gleich an einen richtigen Tierarzt wenden, der dann die entsprechenden Methoden zur Gesundung des Hundes anwendet und auch die richtigen Mittel zur Verfügung hat.

Quecke: Ein auf bebauten und unbebauten Grundstücken erscheinendes, sehr hartnäckiges Unkraut, das der Hund von allen Grassorten am meisten liebt.

Tastsinn: Der Tastsinn, der sich beim Hund über die ganze Körperoberfläche erstreckt, ist sehr stark entwickelt. Die empfindsamsten Stellen sind der Nasenspiegel, die Lippen, die Zunge, die Ballensohlen und die Sinushaare, deren Wurzeln mit empfindlichen Nervenfasern verbunden sind und die Tasteindrücke vermitteln. Sie stehen nur in geringer Zahl an Lippen, Wangen, Überaugenbögen und Kehlgangswarze.

Telegonie: Auch als Fernzeugung bezeichnete unwissenschaftliche Annahme, wonach bei Rassenkreuzungen die weiblichen Zuchttiere bei allen späteren Geburten nicht rasensreine Nachkommen hervorbringen.

Urämie: Harnvergiftung. Wenn aus irgendeinem Grund die Nieren des Hundes nicht richtig arbeiten, kommt es zu einer Zurückhaltung und Anhäufung gewisser Stoffe, die unter normalen Umständen durch die Nieren und durch die Blase ausgeschieden werden, Folge nicht ausgeheilter oder zu großer Nierenschäden.

Urtrieb: Der Selbsterhaltungstrieb und der Trieb zur Erhaltung der Rasse, ohne die weder Individuum noch Art fortbestehen würden, werden als Urtriebe bezeichnet.

Verhaltensmuster: Die feste Rangordnung der Instinkthandlungen, die dem Hund angeboren sind, aber sich manchmal verändern, aufgrund der angesammelten Erfahrungen, die das Tier in seinem Betragen verarbeitet. Das angeborene Verhaltensmuster nimmt man am meisten bei ganz jungen, noch unbeeinflussten Tieren wahr. Nach der Verarbeitung einer Anzahl Erfahrungen entsteht eine gewisse Individualität. Ein eigenes, persönliches Verhaltensmuster, besonders bei Hunden, die nicht mehr in ihrem normalen Milieu leben, wie zum Beispiel bei Haustieren und zoologischen Gärten.

Vieräugel: Hunde, die über den Augen gelbe Punkte aufweisen, nennt man Vieräugel, wie zum Beispiel die Brandlbracke.

Widerristhöhe = Schulterhöhe: Die Länge der Senkrechten durch den Ellenbogen gemessen vom Boden bis zu dem Punkt, wo er horizontal den Widerrist schneidet.

Wind: Der für die Art typische Wildgeruch, den ein Stück Wild für die Nase des Hundes hinterlässt.

X-Chromosom: Das in allen weiblichen und in der Hälfte der männlichen Geschlechtszellen anwesende Chromosom, das mit dem Y-Chromosom bestimmend für das Geschlecht ist. Hündin = XX, Rüden = XY.

Y-Chromosom: Das nur in den männlichen Körperzellen und in der Hälfte der Samenzellen anwesende Geschlechtschromosom (Heterosom).

JÄGERSPRÄCHE UND ANDERE FACHBEGRIFFE

Zuchtauslese: Die Auslese von Exemplaren für die Weiterzucht, da diese bestimmte Eigenschaften besitzen, die man zu entwickeln wünscht. *Natürliche Zuchtauslese:* Die Selektion der Natur, aufgrund derer nur die geeignetsten, kräftigen Individuen am Leben bleiben und sich somit fortpflanzen können. *Künstliche Zuchtauslese:* Die Selektion, die vom Menschen vorgenommen wird.
Zungenbändchen: Die kleine weiße Sehne unter der Zunge des Hundes.
Zwingerblindheit: Das wirkliche oder vorgegebene Unvermögen zahlreicher Kynologen, die Fehler der eigenen Hunde, das heißt die der eigenen Zuchtprodukte, wahrzunehmen.

Foto: Andrea Freiin von Buddenbrock

WICHTIGE ADRESSEN

Verband für Kleine Münsterländer
Vorstehhunde e.V.
http://www.verband-klm.de
Mitglied im JGHV - VDH - F.C.I.
Vorstand des Verbandes:
Präsident:
Bernd-Dieter Jesinghausen, c/o Mentis Consulting
Tristanstraße 5, 90461 Nürnberg
Telefon 0911/92970-10,
Telefax 0911/92970-41
Vizepräsident:
Rainer Bockamp
Am Gecksbach 56, 46286 Dorsten-Wulfen
Telefon 02369/1774, Telefax 02369/209545
Verbandsschatzmeister:
Bernhard Lackhove
Merveldtstraße 18, 48231 Warendorf
Telefon 02581/44046,
Telefax 02581/928699
Geschäftsführerin:
Marion Härtung
Bergstraße 34, 74673 Mulfingen
Telefon 07938/7266
Verbandszuchtwart:
Karl-Heinz Sachau
Am Steinwall 18, 24855 Bollingstedt
Telefon 04625/181384,
Telefax 04625/181385
Vermittlungsstelle:
Christa Förster
Bachstraße 56, 32423 Minden i.W.
Telefon + Telefax 0571/30254

Vorsitzende der Landesgruppen:
Anhalt-Sachsen-Thüringen
Peter Klauß
Fröbelstraße 30, 04463 Großpösna
Telefon 034297/41163

Baden
Fridolin Reinartz
Nagelschmiede 4, 79725 Laufenburg, OT Grunholz
Berlin Brandenburg
Michael Schmiedel
Schwarze Bahn 1, 16244 Finowfurt Eichhorst
Telefon 03335/325725, Telefax 033361/558
Hamburg-Mecklenburg-Vorpommern
Peter Thomas
Am Alten See 31, 23899 Gudow
Telefon 04547/449
Hannover-Braunschweig
Hans-Jürgen Lück
Unter den Fähren 10, 38442 Wolfsburg-Ehmen
Telefon 05362/3876, Telefax 05362/64386
Hessen
Dieter Winter
Limesstraße 6, 35510 Butzbach, Kirch-Göns
Telefon 06033/60556 Fax 06033/970990
Nordbayern
Bernd-Dieter Jesinghausen c/o Mentis Consulting
Tristanstraße 5, 90461 Nürnberg
Telefan 0911/92970-26,
Telefax 0911/92970-41
Osnabrück
Erwin Wallmann
Niederdorf 41, 49545 Tecklenburg
Telefon 05455/7290,
Rheinland
Dietrich Berning
Rekesland 1, 46499 Hamminkeln
Telefon 02873/261, Telefax 02873/1314
Saar-Rheinland-Pfalz
Ernst Zeimitz
Forsthaus 8, 562288 Kastellaun

WICHTIGE ADESSSEN

Telefon 06762/8225
Schleswig-Holstein
Paul Nissen
Landstraße 6, 25885 Immenstedt
Telefon 04843/1488
Schwaben
Peter Aubele
Lehnersberg 2, 86850 Fischach
Telefon 08236/364, Telefax 08236/2133
Südbayern
Manfred Geisler
Finkenstraße 6, 84175 Gerzen
Telefon 08744/8764
Waterkant
Günter Martens
Haxtumer Ring 37, 26605 Aurich-Haxtum
Telefon 04941/4552, Telefax 04941/958095
Westfalen-Lippe
Alfons Brocke
Ölfestraße 6, 59964 Medebach-Dreisler
Telefon 02982/1446, Telefax 02982/1457
Württemberg-Hohenlohe
Helmut Eschelbach
Heinrich-Gyr-Straße 39, 73733 Esslingen-Bühl

Weitere Adressen
Verband für das Deutsche Hundewesen e. V. (VDH)
Westfalendamm 174, 44141 Dortmund
Telefon 0231/56500-0,Telefax 0231/592440
http://www.vdh.de

Fédération Cynologique Internationale (FCI)
Secretariat General, 13 Place Albert 1,
B-6350 Thuin/Belgien
Telefon 0032/71-591238,
Telefax 0032/71-592229
http://www.fci.be

Jagdgebrauchshundeverband e.V. (JGHV)
Geschäftsstelle: Dr. Lutz Frank,
Neue Siedlung 6, 15938 Drahnsdorf
Telefon 035453/215, Telefax 035453/262
http://www.jghv.de

Deutscher Jagdschutz-Verband e.V. (DJV)
Hauptgeschäftsstelle: Johannes-Henry-Straße 26, 53113 Bonn
http://www.jagd-online.de
Telefon 0228/94906-0

Österreichischer Kynologenverband (ÖKV)
Johann Teufel-Gasse 8, A-1238 Wien
Telefon 0043/1-887092,
Telefax 0043/1-8892621, http://www.oekv.at

Schweizerische Kynologische Gesellschaft (SKG)
Langgas-Straße 8, Case Postale 8217,
CH-3001 Bern
Telefon 0041/31-3015819,
Telefax 0041/31-3020215
http://www.hundeweb.org

Raad van Beheer op Kynologisch Gebied in Nederland
Postbus 75901, NL-1020 AX Amsterdam Z
http://www.kennelclub.nl

Societe Centrale Canine France
155, Avenue Jean Jaures, F-93535
Auvervilliers Cedex
http://www.scc.asso.fr

Österreichischer Verein für Große & Kleine Münsterländer
Geschäftsstelle
Wilhelm Niederwimmer
Au 43, A-4062 Thenning
Telefon 0043/7221-63652

KLEINER MÜNSTERLÄNDER HEUTE

The Small Munsterlander Club of North America Inc.
Präsident
Tom McDonald
1900 South 98th Street
Licoln NE 68520-9433
402-483-2151 USA
http://www.smallmunsterlander.org

Svenska Vorstehklubben
Att: Lena Gillstedt, Zuchtwart
Väfrukyrka Viggeby 17
S-74591 Enköping
Schweden
http://www.vorsteh.se

Norsk Münsterländerklub
Att: Lena Nymoen
Skoyen vn 44
N-1912 Enebakk
Norge
Telefon: 64927725
Telefax: 64927726
http://www.munsterlender.org

Dansk Münsterländerklub
Christian Clausen
Tunderup Strandvej 15,
48 Nykobing F.
Danmark
http://www.dmk-online.dk/

Finnland:
Zuchtwart
Erja Nummi
Erhakontie 34
21290 Rusko - Finnland
http://www.saksanseisojakerho.fi

SCHLUSSWORT

Allen Freunden des »Kleinen Münsterländers« viel Glück beim Aussuchen eines Welpen, viel Freude beim Abrichten und Führen und viele herrliche Erlebnisse mit dem Kleinen Münsterländer Vorstehhund wünscht der Autor.

Frühjahr 2004

Allen, die mir Bildmaterial zur Verfügung gestellt und somit zum Gelingen dieses Buches beigetragen haben, gilt mein besonderer Dank.

DER AUTOR

Die ersten Erfahrungen mit Jagdhunden reichen ins Alter von 13 Jahren zurück, als E. F. Bauer, der bereits einige kynologische und andere Bücher veröffentlicht hat, gemeinsam mit seinem Urgroßvater, einem Königlich-Bayerischen Oberförster, erstmals einen Wachtelhund abrichtete. Es folgten fünf Jahrzehnte als Züchter, Abrichter, Führer und Richter, begleitet von jagdlicher Erfahrung und immer von Jagdhunden umgeben.

*Der Autor mit seinem Rüden »Moritz«.
Foto: Reinhard Bauer*

LITERATURVERZEICHNIS

Bauer, E. F. - Gebrauchshunde für die Jagd von A bis Z, Verlag M & H. Schaper Hannover 1976

Bauer, E. F. - Tassilo der Keiler, Leopold Stocker Verlag Graz 2000

Bauer, E. F. - Jagdhunde-Rassen - Halten - Abrichten - Züchten, Leopold Stocker Verlag Graz 2000

Buddenbrock, A. Freiin von - Der Hund im Rettungsdienst. Ein Handbuch für Ausbildung und Einsatz. Kynos Verlag, Mürlenbach 2003

Bauer, E. F. - Dackel - Jagdhund mit Herz, Österr. Jagd u. Fischerei-Verlag Wien 2002

Döbel, H. W. - H. W. Döbels - Jägerpractica - Der wohlgeübte und erfahrene Jäger, Erstausgabe, Leipzig 1746

Fleig, Dr. Dieter - Die Technik der Hundezucht. Kynos Verlag, Mürlenbach, 4. Auflage 2001

Jungklaus, Dr. Dr. - Der kleine Münsterländer Vorstehhund (Westfälischer Wachtelhund, Heidewachtel, Spion, Stöber, Vogelhund, Habichtshund)

Löns, Edmund - Der Heidewachtel - Kleiner Münsterländer Vorstehhund oder Spion - Seine Geschichte, Verlag Neudamm 1922

Most, Konrad und Mueller-Darß, Hans - Abrichten und Führen des Jagdhundes. Kynos Verlag, Mürlenbach,1994

Oberländer - Dressur und Führung des Gebrauchshundes, Verlag J. Neumann in Neudamm 1899

Wolters, Richard - Neue Wege der Jagdhundeausbildung, Kynos Verlag, Mürlenbach, 1993

Sue Guthrie, Dick Lane & Professor Geoffrey Sumner-Smith

Das große Buch der Hundegesundheit

Der umfassende tierärztliche Ratgeber rund um den Hund wurde von einem Team aus über zwanzig Tierärzten und Experten zusammengestellt. Von der Gesundheitsvorsorge über das Erkennen von Krankheitsanzeichen, Erster Hilfe, Grundlagen der Anatomie, Funktion und Erkrankung von Verdauungs-, Herz-Kreislauf- und Atmungsapparat bis hin zu Hautkrankheiten, Nervensystem, Training des Sporthundes, alternativen Heilmethoden und vielem mehr. Ein ausführlicher Index hilft beim Auffinden der Krankheitsbezeichnungen und Symptome.

Mit zahlreichen farbigen anatomischen Detailzeichnungen und Farbfotos.

224 Seiten, ISBN 3-933228-79-4, Euro 29,80 (D)

KYNOS VERLAG Dr. Dieter Fleig GmbH
Am Remelsbach 30 • 54570 Mürlenbach/Eifel
Telefon 06594/653 • Fax 06594/452 • www.kynos-verlag.de